300 Jahre Hugenotten in Hessen

EIN BUCH ZUR DEUTSCH–FRANZÖSISCHEN FREUNDSCHAFT

Mit alten Familienrezepten aus unserer heimischen Gegend
und aus den Bergen der Dauphiné

Titelbild „Meierhof Greifenthal", gemalt von Erich Grimm

Den Eingang unseres kleinen Dorfes
schmückt dieser schöne "Hugenottenbrunnen"

V O R W O R T

Kochen und das Ausprobieren von Rezepten war eigentlich schon immer mein Hobby.

Die Idee, ein Kochbuch herauszugeben, kam mir dann bei der 300-Jahr-Feier unseres kleinen Hugenottendorfes, im Juli 1985. Es entstand das Buch "Rezepte aus unserem Dorf", dessen Erlös ich der Großgemeinde Ehringshausen in Form des HUGENOTTENBRUNNENS stiftete.

Der Brunnen wurde von Jörg Fichtner aus Garbenheim, Nachkomme einer Hugenottenfamilie und Bundessieger der Steinmetzjugend, als Meisterstück gearbeitet.
Als Material diente roter Sandstein aus der Eifel, mit einem Gewicht von 15 Tonnen. Die beiden Wasserspeier sind als Delphine gearbeitet, die das Zeichen der Dauphiné darstellen.

Das Grundmodell für den HUGENOTTENBRUNNEN fanden wir in Luc-en-Diois. So erinnert seine Form immer an die französische Heimat der Gründerfamilien unseres Dorfes.

In diesem Buch habe ich wieder viele fast vergessene Rezepte für Sie aufgeschrieben, nicht nur aus unserem heimischen Raum, sondern auch Rezepte aus den Bergen der Dauphiné, wohin uns die Ahnenforschung führte.
Viele Familien zeigten dort eine herzliche Gastfreundschaft und ich stellte fest, daß ein französisches Essen nicht immer aus einem mehrgängigen Menü bestehen muß, sondern die einfache Küche vom Lande auch sehr geschmackvoll und abwechslungsreich ist.

Ich habe die deutsch-französische Küche, versehen mit Tradition und Brauchtum der jeweiligen Gegend, in diesem Buch vereinigt und hoffe, daß ich einen kleinen Beitrag zur deutsch-französischen Freundschaft geleistet habe.

Der Umschlag und die Illustrationen des Buches sind von dem bekannten Herborner Kunstmaler Erich Grimm.
Der Heimatforscher Werner Cornelius aus Tiefenbach, ein Nachkomme der Hugenottenfamilie Bernard, schrieb den Beitrag "Greifenthaler Skizzen".

Aus dem Reinerlös dieses Buches werde ich humanitäre Stellen unterstützen, die mir förderungswürdig erscheinen.

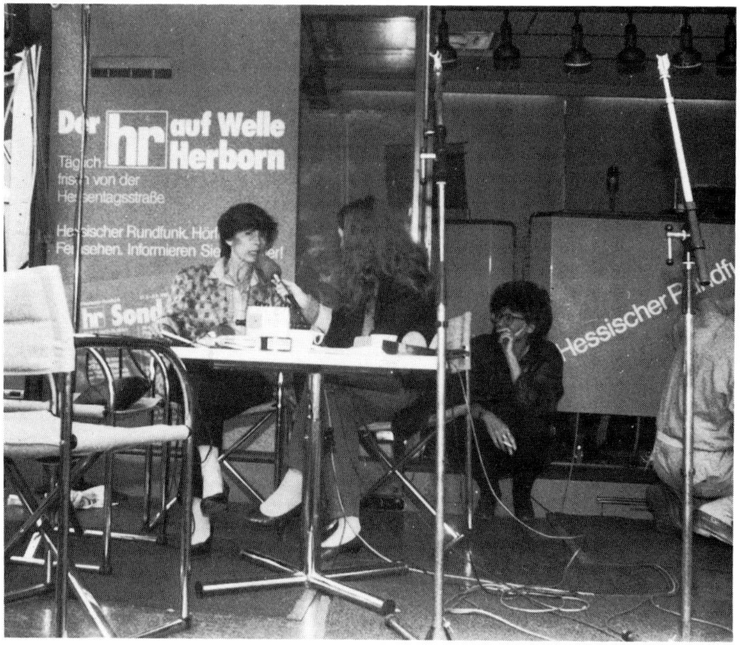

"Meine ersten Erfolge als Autorin"
Live-Interview vom Hessentag 1986 aus Herborn

Werner Cornelius

GREIFENTHALER SKIZZEN

"Greifenthal liegt in einem freundlichen Wiesenthälchen etwas abseits von der Dill und 2,2 km westlich von Daubhausen, mit dem es eine Gemeinde bildet. Es hat 112 Einwohner, 21 Wohnhäuser, 1 hübsches Schulhäuschen und ein Standesamt."
(Wilhelm Lochau: Heimatkunde des Kreises Wetzlar, 1901)

Kleines "Signalement" eines heimischen Straßendorfes "aus der guten alten Zeit".
Heute zählt Greifenthal ca. 300 Einwohner und 60 Wohnhäuser. Das hübsche, vor der Jahrhundertwende errichtete Schulhäuschen dient nunmehr anderen Zwecken, und das von Lochau erwähnte Standesamt hat es nie gegeben. Vermutlich wurde der Verfasser Opfer einer Fehlinformation.

Graf Wilhelm Moritz von Solms-Greifenstein (ab 1694 von Solms-Braunfels) nahm in Daubhausen 1685, 190 aus Frankreich vertriebene Protestanten auf. Entdeckt -so die Überlieferung- hatte der Graf die Refugies (Flüchtlinge), während eines Jagdrittes, als sie im Wald bei einer Quelle -dem späteren Welscherborn- lagerten und Gottesdienst hielten. Von der Glaubenstreue der Hugenotten beeindruckt und wegen ihrer handwerklichen Fähigkeiten, siedelte er sie in seinem Herrschaftsbereich an und gab ihnen einen Freiheitsbrief. Die evangelischen Flüchtlinge dankten ihm durch Fleiß und gaben dem durch den Dreißigjährigen Krieg verarmten Solmser Land wertvolle wirtschaftliche Impulse.

Da das damals kleine Daubhausen trotz Umsiedlung der dort ansässigen Einwohnerschaft nicht genügend Raum bot, stellte der

Graf den Vertriebenen noch einen Meierhof zur Verfügung. Dieser Meierhof wurde zur Keimzelle des Dorfes Greifenthal. Das von Lochau erwähnte hübsche Schulhäuschen der französischen Kolonie trug die Inschrift: "Faites venir à moi les petits enfants", zu deutsch: "Lasset die Kindlein zu mir kommen."

Einige Zeilen widmet auch Friedrich Kilian Abicht, evangelischer Pfarrer zu Hochelheim und Dornholzhausen, in dem 1836 erschienenen Buch: "Der Kreis Wetzlar", dem zu Daubhausen gehörenden Filialdörfchen Greifenthal. Abicht berichtete: "Dieses Dorf mit seiner Kirche ist erst seit 1689 entstanden. Hut- und Strumpfmanufakturen, sowie Seidenhandel blühten bald unter den Ansiedlern auf. Die französische Sprache ist neben der deutschen noch bis jetzt unter ihren Nachkommen im Gebrauch. Seine Gemarkung hält 429 Morgen, worunter 11 Morgen Wald inbegriffen sind."

Die von Abicht erwähnte Kirche -eine Kapelle- wurde 1725-1738 gebaut und im Jahre 1890 wegen Baufälligkeit niedergelegt. Auf der oberen Türschwelle befand sich folgende Inschrift: "Entrez dans ces portes avec action de grace 1738", in deutsch: "Tretet in diese Tür mit Dankbarkeit ein 1738". (Wilhelm Arabin: Festschrift zum 300jährigen Bestehen der Hugenottensiedlungen Daubhausen-Greifenthal). Die Glocke des Gotteshauses, 1830 von dem in Tiefenbach wohnhaften Hugenottennachfahren Friedrich Bernhardt gegossen, blieb in beiden Weltkriegen vor dem Einschmelzen bewahrt. Zum sichtbaren Aufbewahrungsort wurde der Dachvorbau der 1891 errichteten Schule, des jetzigen evangelischen Gemeindehauses.

Nun zum Kerngebilde Greifenthals, dem früheren gräflichen Meierhof. Wilhelm Arabin erwähnte ihn auf Seite 90 der von ihm verfaßten, sehr ansprechenden Festschrift. Auch Wilhelm Lochau weist in seiner Broschüre auf diesen Gutshof hin.

Ein Meier war der auf dem Fronhof einer Grundherrschaft sitzende Gutsverwalter bzw. Gutspächter. Daher die Bezeichnung Meierei für einen Pachthof mit Milchwirtschaft.

Leider gibt es nach Auskunft von Arno Fitzler, Archivar des Fürstlich Solms-Braunfelser Schloßarchives, über diesen Hof keinerlei schriftliche Unterlagen, da diese durch einen Brand vernichtet wurden.
Wir sehen uns also genötigt, Vergleichszahlen heranzuziehen, die bezogen auf den Meierhof Greifenthal, mit allem Vorbehalt gewertet werden müssen.

In den Solms-Greifenstein'schen wie auch in den Solms-Braunfels'schen Landen gab es mehrere Meierhöfe. So haben wir Kenntnis vom Hofgut Stockhausen, Elgerhausen, Heisterberg, vom Hofgut Mainhausen (Magdalenenhausen), Homburg, Schwobach und verschiedenen anderen mehr. Unterschiedlich waren die Gebäudegrößen und das Hofareal der einzelnen Domänen.

Das Hofgut Homburg verfügte über 150 Morgen Acker- und 50 Morgen Wiesenland. Der Hof Schwobach, bei Kraftsolms gelegen, zählte 70 Morgen Ackerland und 25 Morgen Wiesenfläche. Unterstellen wir nun dem Meierhof Greifenthal die Größe des Hofes Schwobach -dieser war einer der kleineren Meierhöfe-, dann brachte der den Hugenotten überlassene Hof an Erträgen: 44 Fuder Korn (Fuder = Fuhre), 7 Fuder Weizen, 4 Fuder Gerste und 10 Fuder Hafer. Darüber hinaus wurden noch geringe Mengen Erbsen, Linsen und Wicken angebaut. Die Kartoffel hatte damals noch nicht ihren Siegeszug angetreten.

Auf 29 Tiere bezifferte sich der Viehbestand (des Hofes Schwobach), 1/3 waren Rinder und Kälber. Hinzu kamen 30 Schweine sowie eine Anzahl Gänse, Enten und Hühner. Hof- und Stallarbeiten, Feldbestellung, Saat und Ernte mußten als Frondienstleistung erbracht werden. Hier sahen sich die Bewohner der benachbarten Dörfer gefordert.

"Seine Gemarkung hält 429 Morgen, worunter 11 Morgen Wald begriffen sind." So Abicht 1836 über die Größe Greifenthals. Nach dieser Aussage, hätten die Hugenotten, legt man der Rodung -mit allem Vorbehalt- das Schwobacher Areal zugrunde,

320 - 350 Morgen Wald urbar gemacht. (1705 waren bereits 252 Morgen "unter dem Pflug" Wilhelm Heiland).
Nach dieser Theorie wären die Rodungsarbeiten damals noch nicht beendet gewesen.

Eine weitere Frage drängt sich auf. Wer ließ das Gelände des Meierhofes urbar machen und Wohnhaus und Wirtschaftsgebäude errichten ? Geschah dies in der Regierungszeit des Grafen Wilhelm II (1635-1677) oder in dem 1 1/2 Jahrzehnt, in welchem Wilhelm Moritz auf Greifenstein residierte ?

Das Wohnhaus des ehemaligen Meierhofes, ein im Hessisch-Fränkischen Stil errichtetes Fachwerkgebäude -dessen symmetrische Holzführung unter Putz dahindämmert- weist jedenfalls in jenes Jahrhundert.

Keinerlei Kenntnisse besitzen wir, ob die Domäne vor Besiedlung ihres Terrains bereits den Namen Greifenthal führte. Träfe dies zu, dann stand der Name des Hofes bei der Errichtung des Dorfes Pate. Hatte das Gut jedoch vor 1689 eine andere Bezeichnung, -so wurde um 1700 der Meierhof Mainhausen in Magdalenenhausen umbenannt- so wäre es von Interesse, den Vorgängernamen in Erfahrung zu bringen.

Das Dorf Greifenthal, im Hintergrund Burg Greifenstein

Zwei Lindenbäume, oberhalb des Dorfes

MEIN HEIMATDORF

Jenseits der "Hohen Straße"
in einem kleinen Tal,
liegt unser Heimatdörfchen:
- Greifenthal -

Das graue Band der Straße
durchtrennt heut unser Tal,
ringsum liegen die Felder
und Wiesen an der Zahl.

Vom Sonnengold umflossen,
ein Bild von heit'rem Glück,
doch denken wir in stiller Stund'
der Gründung uns'res Dorfs zurück:

"Einst nahmst Du die Verfolgten
in Deiner Mitte auf,
wurdest eine neue Heimat,
gewährtest Schutz und Geborgenheit auch.

Hier konnten sie frei leben,
nach ihrer Sitt' und Art,
auch pflegten sie ihr Brauchtum
viele Jahre lang."

Laßt uns den Ahnen danken,
was sie uns schufen einst,
und das Neue gestalten,
im Wandel der Zeit.

WELSCHER BORN

"Unterhalb der Dianaburg rieselt eine Quelle, die den Namen der welsche Born führt, und die Wiese darunter heißt die Franzosenecke. Dort in der Waldeinsamkeit wurde 1885 die Erinnerung an die Gründung der Gemeinde gefeiert, denn nach der romantisch ausgeschmückten Erzählung Oertels im "Finger Gottes", der doch sicher ein geschichtlicher Vorgang zu Grunde liegt, sollen dort im Jahre 1685 Holzknechte oder Förster einen Trupp fremdländisch aussehenden Volkes gefunden haben. Die Fremdlinge hätten dem in der Nähe jagenden und auf diesen Bericht herbeigeeilten Grafen Wilhelm Moritz zu Solms-Greifenstein erzählt, sie seien um ihres Glaubens willen aus Frankreich ausgewanderte Hugenotten. Daraufhin habe ihnen der Graf in seinem Lande Aufnahme und Schutz gewährt."

So steht es in der Festschrift der 250-Jahr-Feier der Gemeinden Greifenthal und Daubhausen von Pfarrer R. Manskopf.

Die Quelle, die Pfarrer Manskopf in seiner Festschrift beschieben hat, rieselt noch heute und ist in unserer Umgebung als der "Welscherborn" bekannt, ebenso wissen noch viele um seine historische Bedeutung.

Jedoch ist die beschriebene Wiese "Franzosenecke" heute längst bewaldet mit hohen Bäumen, die um den Welscherborn stehen.

Ende des ersten Weltkrieges wurde die Quelle zum ersten Mal gefaßt von dem blinden Sohn des Pfarrers Manskopf, mit Hilfe eines Jungen, der ihm die Steine reichte.

Rechtzeitig zur 300-Jahr-Feier im Jahre 1985 sollte der Welscherborn neu instandgesetzt werden. Man begann damit im Herbst 1984 mit freiwilligen Helfern aus Daubhausen und Greifenthal.

Viele Arbeitsstunden wurden hier geleistet, es wurde eine neue Staumauer errichtet, die Quelle wurde neu gefaßt und das Bachbett mit Natursteinen ausgelegt.

Welscher Born

EINE BERÜHMTHEIT ENTSTAMMTE UNSERER GEMEINDE

"Eine Berühmtheit entstammte unserer Gemeinde, der bekannte Philosoph und Aesthetiker Moriz Carrière, ein Schwiegersohn Justus Liebigs. Sein Vater siedelte seiner Zeit von Greifenthal nach Butzbach über. Carrière bestand 1835 die Reifeprüfung auf dem Gymnasium in Wetzlar und kam auch später als Professor von München oft zum Besuch von Verwandten dort hin." *

Dieser Absatz hatte mein Interesse geweckt und ich stellte weitere Recherchen über diesen Moriz Carrière an, von dem ich im Dorf noch nichts gehört hatte.

Pfarrer Allmenröder (Heimatforscher und Mitglied des Wetzlarer Geschichtsvereins), schrieb 1889 an Moriz Carrière:

"Das alte Carrière'sche Wohnhaus zu Greifenthal (jetzt Kraus'sches Haus) liegt, wenn man von Daubhausen her kommt, links auf einer Anhöhe, von Bäumen umrahmt, sehr malerisch." **

Nach Beschreibung und Skizze konnte Reinhard Carrière das Häuschen 1913 ohne weiteres finden und photographieren. **

* Aus Mitteilungen des Wetzlarer Geschichtsvereins, elftes Heft, 1929 "Gründung der Hugenottengemeinde Daubhausen und Greifenthal" von Ortspfarrer Manskopf.

** Aus Mitteilungen der Hess. Famgeschtl. Vereinigung, Bd. 2, H.9, 1931, Ludwig Carrière: "Von Vorfahren und Nachkommen des Moriz Carrière".

Stammhaus der Carrière zu Greifenthal,
Solms-Braunfels.

Diese Zeichnung fertigte Pfarrer Allmenröder für Moriz Carrière vom Stammhaus seiner Familie an

DIE DIANABURG

Die Dianaburg war von jeher ein beliebtes Ausflugsziel in unserem heimischen Raum. Wer, angeregt durch dieses Büchlein, einmal in unsere Gegend kommt, sollte auf jeden Fall eine Wanderung dorthin unternehmen.

Besonders am 1. Mai und am Himmelfahrtstag wanderte man gerne zu diesem Ziel.

Heute ist nur noch der Aussichtsturm vorhanden. Er wurde 1842 unter Fürst Ferdinand zu Solms-Braunfels erbaut. Früher stand dort noch ein Blockhaus, das zunächst für Holzversteigerungen bestimmt war, später aber der Geselligkeit diente. Außerdem befand sich dort noch ein Wohnhaus mit Wirtschaftsgebäuden, es wurde eine Gaststätte betrieben, und eine kleine Landwirtschaft wurde noch nebenbei geführt.

Die lustigen Feiern auf der Dianaburg sind noch vielen im Gedächtnis geblieben. Man ließ sich im Freien an Tischen und Bänken nieder. Das Essen hatte man im Rucksack mitgebracht, oder man stärkte sich an einem kräftigen Schinkenbrot oder einem deftigen Eierpfannkuchen von Oma Schweizer. Die Kinder holten sich für einen Groschen "Quatsch" (Himbeersaft mit Wasser). Bald wurde aufgespielt mit dem Schifferklavier, und im Blockhaus wurde das Tanzbein geschwungen.

1969 wurde das unterhalb des Turmes gelegene Wirtschaftsgebäude abgerissen. Das Blockhaus wurde durch eine Sportvereinigung aus Leun käuflich erworben. Es wurde sorgsam zerlegt, die 3.800 Teile wurden numeriert, und dann wurde das Blockhaus auf dem Leuner "Küppel" wieder aufgebaut.

Aufnahme von der Dianaburg, um die Jahrhundertwende.

DAS EIERSAMMELN

Dieser Brauch ist vermutlich hugenottischen Ursprungs. Am Faschingsdienstag zogen die Kinder des Dorfes von Haus zu Haus. Sie hatten sich maskiert und sangen vor jeder Tür. Dafür erhielten sie Eier, Speck und Brot.

Hatten sie genug eingesammelt, gingen sie zu einer Familie nach Hause, wo man für die Kinder deftige Eierpfannkuchen bereitete. Dabei wechselte man sich ab, so daß jedes Jahr bei einer anderen Familie das "Eierbacken" veranstaltet wurde.

Dieser Brauch hat sich bis in die heutige Zeit gehalten. Jedes Jahr ziehen die Greifenthaler Kinder am Faschingsdienstag mit großen Körben durch die Straßen. Heute gibt man den Kindern nicht nur Eier, Speck und Brot, sondern auch Süßigkeiten und Geld.

Im Dorfgemeinschaftshaus werden die Eier dann gebacken und die Kinder vergnügen sich am Nachmittag mit lustigen Spielen.

Die Kinder beim Eiersammeln, am Faschingsdienstag 1980

DAS BROTBACKEN

Das Backhaus befand sich in Greifenthal früher in der Mitte des Dorfes. Es wurde von allen Familien benutzt. Über die Reihenfolge, wer zuerst backen konnte, entschied das Los. Gebacken wurde alle 14 Tage.

Zuerst wurde das Backhaus sauber gemacht. Wollte man den Ofen anheizen, mußte erst das Holz, genannt "Backwellen", gemacht werden.

Zum Brotbacken brauchte man zuerst einen Sauerteig. Eine kleine Menge davon wurde von einem Backtag zum anderen an einem kühlen Ort aufgehoben. Der Sauerteig wurde am Abend vor dem Backen mit Mehl und Wasser angerührt. Am nächsten Morgen gab man noch Mehl, Salz und warmes Wasser dazu und knetete einen steifen Teig. Auf zehn Liter Wasser rechnete man zehn bis zwölf Brote. Der Teig mußte anschließend einige Stunden gehen, dann wurden die Brote geformt. Auf dem Backbrett ließ man die Brotlaibe dann nochmals tüchtig gehen und trug sie dann ins Backhaus.

Um zu prüfen, ob der Ofen die richtige Hitze hatte, legte oder steckte man eine Kornähre auf den "Backschejser" und fuhr damit dreimal durch den Ofen. Die Ähre durfte nicht weiß bleiben, aber auch nicht schwarz werden, sondern mußte braun sein. War diese Prüfung vollzogen, wurde das Brot mit einem Holzschieber, genannt "Backschejser", eingeschoben.

Nun wurde alles dichtgemacht und durch ein kleines Guckloch das langsame Braunwerden des Brotes beobachtet. Ein Eimer mit Wasser und eine Backbürste standen bereit. Wenn die Brote anfingen dunkelbraun zu werden, wurden sie herausgeholt und mit Wasser bestrichen, damit sie schön glänzten. Nachdem sie noch etwa 20 Minuten im Ofen gelegen hatten, holte man eines heraus, und durch Klopfen auf der Unterseite stellte man fest, ob das Brot gut ausgebacken war. Dies war der Fall, wenn das Klopfen hohl klang. Der ganze Backvorgang dauerte etwa 1 1/2 Stunden.

Am Dachboden des Backhauses war außerdem die Obstdörre. Dort wurden Zwetschen und Apfelscheiben gedörrt.
In den Wintermonaten war das getrocknete Obst dann die einzige Leckerei, die das Haus zu bieten hatte.

Das Brot auf einem Brett zum Backhaus zu tragen, war schon eine Kunst, die nicht jeder beherrschte !

ERNTEZEIT

Geht man in der Erntezeit durch die Felder, hört man das Geräusch der Mähdrescher und sieht, wie die Maschine auf jedem Meter Fahrt viele tausend Halme schneidet und aufsaugt, um sie wenige Augenblicke später schon zu Strohballen gepreßt und gebündelt wieder auszuspucken, während die Körner in den Speicherkasten kommen. Perfekte Arbeit einer Maschine - welche Erleichterung für die Bauern und Landarbeiter, wenn man es mit der Arbeitsweise ihrer Väter und Großväter vergleicht. Auch ältere Menschen bleiben gerne stehen, wenn sie das summende Ungetüm auf einem Feld entdecken.

Manch einer atmet erleichtert auf und denkt an früher, als zur Erntezeit wahre Heerscharen auf die Felder zogen, um das Getreide mit der Sense zu mähen. Das Raffen und Binden der Garben war Frauensache, eine harte Knochenarbeit, die heute kaum noch jemand verrichten wollte. Dann setzte man die Garben zu Hausten zusammen. Sie blieben stehen, bis das Getreide richtig trocken war. Anschließend wurde es heimgefahren und in der Scheune zwischengelagert.

War die ganze Ernte vorüber, die letzten Kartoffeln ausgemacht, kam die Zeit, in der die Dreschmaschine ins Dorf kam. Gedroschen wurde in unserem Dorf bei jedem Bauern einzeln in seiner Scheune. Für die Kleinbauern stand die Dreschmaschine auf einem gesonderten Platz, gegenüber der Gaststätte Schmidt, wo auch die Kirmes gefeiert wurde.

In aller Frühe ging es am Morgen los. Ein Mann mußte oben auf das aufgesetzte Getreide steigen und Bündel für Bündel auf die Maschine werfen. Dort standen zwei Frauen, die die Bündel aufschnitten, welche oben und unten zugebunden waren. Ein Mann gab sie dann in den "Schlund" der Dreschmaschine ein. Bei einer Presse kam das gepreßte Stroh heraus, die Körner ließ man gleich in Säcke laufen und die Spreu kam ebenfalls gesondert heraus.

Aus der Zeit, wo das Dreschen noch harte Arbeit war, kommt sicher auch der Spruch: "Essen wie ein Drescher".

Morgens beim Frühstück stärkte man sich schon mit Bauernbrot, selbstgestoßener Butter, Hausmacher Wurst und Limburger Käse. Weil viel Staub geschluckt wurde, mußte man natürlich öfters mal nachspülen, und die Schnapsflasche mit dem "Dabener" machte die Runde. Kuchen gab es nachmittags freilich auch. Auf großen Blechen hatten die Frauen "Quetsche- und Äppelkuche" gebacken.

Bei der Feldbestellung, im Jahre 1950

DIE KARTOFFELERNTE

Wenn an den länger werdenden Schatten, dem sich goldgelb färbenden Wald und dem heraufziehenden kalten Nebel abzulesen war, daß der Herbst seinen Einzug hält, war die Zeit der Kartoffelernte gekommen.

In früherer Zeit wurden die Kartoffeln mit dem "Korscht" ausgehackt. Später hatte man dann einen Spezialpflug, den "Roijseler", der von Kühen durch die Reihen gezogen wurde. Er hob die Kartoffeln aus der Erde, die dann von den Kindern aufgelesen wurden. Die Eltern "korschteten" jede Reihe anschließend durch, damit keine Kartoffel steckenblieb. Diese wurden zunächst in regelmäßigen Abständen in Reihen zusammengeworfen, damit sie abtrocknen konnten.

Kam die Zeit des Mittagessens, wurde bald das von der Hausfrau daheim zubereitete Essen im Henkelkorb gebracht, meist in Form eines kräftigen Eintopfes. An einer geschützten Stelle schmeckte das Essen im Freien natürlich besonders gut. Jetzt war für die Kinder der Zeitpunkt gekommen, wo sie ein Kartoffelfeuer machen durften. Überall auf den Feldern, wo Kartoffeln geerntet wurden, das gleiche unvergeßliche Bild. Graugelbe dichte Rauchfahnen stiegen steil in die Höhe, oder wälzten sich über die Äcker.

Indessen lasen die Eltern die Kartoffeln in Körbe und schütteten sie in Säcke. Am Nachmittag gab es zur Vesperzeit oft noch einmal "Quetschekouche" und Kaffee. Von neuem wurde nochmals fleißig ausgeackert und gelesen.

Wenn die Sonne sich hinter die Berge zurückzog, stand meistens eine ansehnliche Reihe gefüllter Säcke auf den Feldern.

DAS "HOINKKOCHEN"

Hatte der goldene Herbst seinen Einzug gehalten, war die Zeit der Obsternte vorbei, wurde im Dorf für den kommenden Winter vorgesorgt. Tag für Tag, Nacht für Nacht, brodelte in den großen Kesseln der Honig. In den Nächten erfüllte lärmendes Treiben die dunkle Dorfstraße. Die Zeit des Hoinkkochens war eine lustige und heitere Zeit.

Waren die Birnen und Zwetschen geerntet, stellte man sie bereit, denn am Abend kamen Bekannte und Nachbarn, um die Birnen zu schälen und die Zwetschen zu entkernen. Nach beendeter Arbeit reichte man oft Kaffee und Kuchen.

Die Birnen wurden zum Teil gekeltert, der Most und die entkernten Zwetschen kamen dann in den großen Kessel. Und dann fing das "Hoinkkochen" erst an, denn die Kochdauer beträgt 12 bis 15 Stunden. Ununterbrochen mußte die brodelnde Masse umgerührt werden, damit nichts anbrannte. Der fertige Honig wurde dann in graue Steintöpfe gefüllt und diente als Brotaufstrich bis zum nächsten Jahr.

Der große Korb übriggebliebener Kerne wurde meistens dazu benutzt, dem Dorf zu zeigen, wer sich da so heimlich liebte. Es wurde bei Nacht heimlich und leise "das Pädche" (Pfädchen) gestreut, von der Wohnung des Burschen zum Hause des Mädchens.

Aber auch die Kinder kamen auf ihre Kosten. Sie durften an den Abenden des "Hoinkkochens" etwas länger aufbleiben. Mit der Vertröstung, daß sie am nächsten Morgen den Kessel auslecken dürften, wurden sie dann zu Bett gebracht. Zum Auslecken war jedoch ein Hilfsmittel notwendig: "Das Hoinklaterche".

Die Kinder wurden nun, sobald der Honig gar war, zu einem Spaßvogel in das Dorf geschickt mit dem Auftrag, das Hoinklaterche zu holen. Dieser Spaßvogel machte dann das "Hoinklaterche" zu-

recht. Schweißtriefend kamen die Kinder mit einem großen Paket oder einem Sack zu Hause an.
In der Nähe des Kessels wurde dann ausgepackt.

Allerlei Dinge, wie Backsteine oder Holzklötze kamen zum Vorschein. Dann merkte das Kind, daß es gefoppt wurde !

DER WASCHTAG

Welch herrliches Arbeiten hat man heute. Maschinen machen es der Hausfrau möglich, verschiedene Arbeitsgänge gleichzeitig zu erledigen.

Das war nicht immer so, der Waschtag (meist Montag) war für jede Hausfrau ein anstrengender Tag.

Wird heute fast für jedes neue Haus ein Hauswirtschaftsraum eingeplant, hatte früher jedes Haus seine Waschküche mit dem eingemauerten Kessel.

Gewaschen wurde meist jede Woche, die weiße Wäsche alle 3-4 Wochen. Über so viel Wäsche verfügte eine jede Hausfrau, denn mit der Aussteuer wurde es ganz genau genommen.

Am Abend vor dem Waschtag wurde in Wannen und Bottichen, die Wäsche in "Henko" eingeweicht. Am nächsten Morgen wurde in aller Frühe der Kessel angeheizt. Die eingweichte Wäsche wurde ausgespült und ausgewrungen und im Kessel in Persil-Lauge gekocht. Für die Hausfrau bedeutete das, stundenlang mit aufgequollenen Händen im Dampf der Waschküche stehen.

Nach dem Kochen wurde die Wäsche einige Stunden zum Bleichen auf dem Rasen ausgebreitet. Zwischendurch besprengte man sie öfters mit Wasser. Dann wurde sie mehrfach in klarem Wasser ausgespült und zum Trocknen aufgehängt.
Die Bleichwäsche war durch den Sauerstoff fleckenlos und weiß geworden und hatte einen wunderbaren frischen Duft.
Sie war die Visitenkarte der Hausfrau.

Noch mehr plagen mußte man sich mit der Buntwäsche. Sie wurde in einem Bottich mit dem Waschbrett ("Waschrumpel") vorgeschrubbt, dann im Kessel gekocht. Um den Schmutz auch richtig herauszubekommen, wurde die Wäsche im Kessel noch mit dem sogenannten "Stumper" bearbeitet, einem Holzstiel an dem vorne ein beweglicher Metallaufsatz befestigt war. Nach dem Kochen wurde die heiße Wäsche dann aus dem Kessel geholt und mehrfach gespült, um die Seifenlauge auch richtig zu entfernen.

Dann wurde die Wäsche in langer Reihe im Wäschegarten zum Trocknen aufgehängt. Bei schlechtem Wetter mußte man sich mit dem schweren Korb die enge Speichertreppe hochquälen.

Hat man heute Bügelmaschinen, Dampfbügeleisen, Sprühflaschen mit "Bügelfix" und sonstige Hilfsmittel, mußte sich Großmutter noch mit dem schweren "Plätteisen" an ihre Bügelwäsche begeben. Alles wurde von Hand gebügelt. Bettwäsche, große Laken und jedes Taschentuch.

Das Eisen wurde auf die Herdplatte zum Aufheizen gestellt. Dabei mußte man achtgeben, daß es gerade die richtige Temperatur hatte, denn schnell war die Wäsche versengt.

DIE HAUSSCHLACHTUNG

Während man sich langsam auf den Winter vorbereitete, die Felder und Gärten waren abgeerntet, der erste Frost übers Land gegangen, dann war die Zeit der Hausschlachtung gekommen. Das war ein Ereignis, bei dem jung und alt von frühmorgens an auf den Beinen waren und bei dem viele hilfreiche Hände gebraucht wurden.

Am Tag, bevor man schlachtete, wurde alles vorbereitet, der Kessel gerieben und eingekauft. Am nächsten Morgen ging es in aller Frühe los. Der Kessel wurde angeheizt und heißes Wasser gemacht. Der Hausmetzger kam meist aus den umliegenden Dörfern, Katzenfurt oder Daubhausen.

Sobald es hell war, wurde das Schwein geschlachtet. Es war nur schlachtreif, wenn es mehrere Zentner wog, und man freute sich, wenn es ordentlich Speck aufwies.
Hatte der Fleischbeschauer seine Arbeit getan, war auch die Frühstückszeit gekommen. Es gab Brot, Butter und Limburger Käse, auf dem Tisch durfte auch die Schnapsflasche nicht fehlen. Nachdem sich jeder gestärkt hatte, halfen die Männer dem Hausmetzger beim Verarbeiten des Fleisches.

Das spielte sich in der Waschküche ab, denn hier stand der Kessel zum Kochen von Fleisch und Wurst. Weiterhin waren das Hackbrett und alle anderen Werkzeuge des Metzgers aufgebaut.

Nachdem beide Schweinehälften gut ausgekühlt waren, konnte mit dem Zerlegen und Ausbahnen begonnen werden. Dabei wurden einige Stücke Fleisch zum Kochen und Braten herausgeschnitten. Ebenfalls konnte ein Schinkenspeck und etwas Bauchfleisch beiseite gelegt werden. Schinken, Bauchfleisch und einige nicht so gründlich abgeschälte Knochen wurden später drei bis vier Wochen in einer Wasser- und Salzlösung eingelegt. Nach dem Einlegen wurden diese geräuchert (Schinken und Bauchfleisch), oder zum Essen gekocht.

Während des Zerlegens mußte der Kessel mit 4-5 Eimern Wasser gefüllt und angeheizt werden. In den Kessel kamen nun beide Kopfhälften, das Gelinge und die Knochen, von denen das Fleisch grob abgeschnitten wurde. Weiterhin kamen das Schwartennetz mit sämtlichen von den Fleischstücken abgeschälten Schwarten in den Kessel. Etwas später folgten noch 2-3 Stücke Speck, die nach dem Kochen zu Würfeln für Blut- und Leberwurst geschnitten wurden. Nun konnte mit dem Zuschneiden des Fleisches für die Mettwurst begonnen werden. Das Schneiden und das anschließende Einfüllen in den Fleischwolf übernahmen die Helfer. Während dieser Zeit putzte der Metzger die benötigten Därme. Nach dem Zerkleinern durch den Fleischwolf wurden die Gewürze zugeteilt. Das war nun wieder Sache des Metzgers. Je nach Menge des Gehackten wurden Salz, Pfeffer, Salpeter, geriebene Muskatnuß und geriebener Knoblauch zum Würzen verwendet. Danach wurde die Masse in einer Schüssel oder auf dem Hackbrett gut durchgemengt, damit die Gewürze gleichmäßig einziehen konnten. Nun erfolgte ein erstes Abschmecken. Nach dieser Probe wurde entschieden, ob das Mett ausreichend gewürzt war, eventuell wurde nochmals mit Salz und Pfeffer nachgewürzt und wieder durchgemengt. Dann wurde das Mett mit Hilfe der

Füllmaschine in die verschiedenen Därme gepreßt. Weiterhin wurden noch einige Büchsen gefüllt.

Nach dem zweiten Frühstück mit frischem Mett und abgekochten Mettwürsten, wurde mit dem Sortieren der Fleischstücke für den Preßkopf begonnen. Hierzu wurden die gekochten Kopfhälften und noch einige Knochen mit Fleisch aus dem Kessel geholt. Das Fleisch wurde abgeschält und in würfelähnliche Stücke geschnitten. Die andere Hälfte des Preßkopfs besteht etwa zu gleichen Teilen aus geschnittenem rohen Muskelfleisch und einem vorher beiseite gelegten Ballen Mett. Das Ganze kam in eine Schüssel und wurde dann mit Salz, Pfeffer, geriebener Muskatnuß und Salpeter gewürzt. Vor dem Durchmengen gab man noch etwas heiße Kesselbrühe dazu. Dann erfolgte die Geschmacksprobe. War diese zufriedenstellend, konnte der Metzger mit der Füllmaschine den Preßkopf in Därme und Büchsen füllen. Nachdem ein Darm gefüllt war, wurde er mit Packnadel und Kordel abgebunden. Bevor die Preßköpfe dann zum Kochen in die Kesselbrühe gelegt wurden, holte man mit dem Schaumlöffel alles heraus, bis auf die Schwarten im Netz. Der Kessel wurde zum Kochen der Wurst möglichst gleichmäßig auf einer Temperatur von 85 bis 90 Grad gehalten. Von Zeit zu Zeit wurden die oben schwimmenden Därme vorsichtig mit dem Schaumlöffel in der Kesselbrühe gedreht, damit sie rundum gleichmäßig durchkochten.

Währenddessen richteten die Frauen das Mittagessen. Es gab Wellfleisch mit Meerrettich und Kartoffeln.

Nun konnte sich der Metzger der Leberwurst zuwenden. Hierfür wurden ein Stück ungekochte Bauchspitze, etwas Kopffleisch und Fleisch der abgelesenen Knochen verwendet. Weiterhin wurde die Leber im Kessel abgebrüht und dann mit einigen Schwarten (aus dem Schwartennetz), den zurechtgelegten Fleischbrocken, 3-4 Zwiebeln und etwas Knoblauch durch den Fleischwolf zerkleinert. Vor dem Würzen gab der Metzger noch einige Speckwürfel dazu. Nach dem Mengen erfolgte dann wieder das Füllen in Därme und Büchsen. Die Leberwürste wurden dann im Kessel gekocht.
Für die Blutwürste zerkleinerte man die Reste des Gelinges, der abgelesenen Fleischbrocken, der Schwarten mit 3-4 Zwiebeln im Fleischwolf. Dazu gab man die restlichen Speckwürfel. Zuletzt wurde das Blut durch ein Sieb über die Fleischmasse gegossen. Zum Würzen wurden Salz, Pfeffer, geriebene Muskatnuß und Nelken verwendet. Nach dem Mengen und Abschmecken füllte man die Masse in Därme und Büchsen und kochte sie im Kessel. Nach dem Kochen wurden die Würste in einer Schüssel mit kaltem Wasser abgeschreckt und zum Abkühlen vorsichtig auf ein Kuchenblech oder Brett gelegt. In der Zwischenzeit verschloß der Metzger die Büchsen, die im Kessel dann etwa zwei Stunden gekocht wurden.

Die in den Därmen befindliche Mett- und Kochwurst wurde in den folgenden Tagen noch geräuchert.

War des Tages Arbeit getan, richtete man die "Wurschtsupp'". Man lud Nachbarn und Bekannte ein, und der Tisch bog sich bald durch von allerlei Köstlichkeiten. Zuerst gab es die "Wurschtsupp'" mit Brot, dann Wellfleisch mit Sauerkraut, Blut-, Leber- und Mettwurst leicht angebraten, dazu warmen Kartoffelsalat, als Abschluß reichte man die "Dempäbbel".

Nach dem Essen wurde es Zeit, daß der "Wurschtnickels" auftauchte. Den "Wurschtnickels" machten Dorfbewohner, die sich verkleidet hatten. Sie brachten ein großes Sieb mit, das sie sich füllen ließen. Ein Sieb benutzte man, damit ordentlich viel Fleisch und Wurst hineinkam und nicht nur mit Suppe gefüllt werden konnte.

Da man in früheren Jahren über keine Gefrierschränke und Truhen verfügte, mußte das Fleisch auf andere Art haltbar gemacht werden. Es wurde in Gläser eingekocht, das "Sulberflaasch" wurde im Holzfäßchen in Salzlake und Salpeter eingelegt und war somit Monate haltbar.

In jedem Haus befand sich am Speicher im Kamin die Räucherkammer. Dorthin wanderten Würste und Schinken.

LIEBE LESERIN,

LIEBER LESER,

mein Kochbuch enthält aus dem heimischen Raum viele leckere Gemüse- und Kartoffelgerichte.

Das ist kein Wunder, denn in Großmutters Küche kam das auf den Speisezettel, was sich in ihrer unmittelbaren Umgebung befand.

Wie schrieb schon Matthias Claudius (1740-1815) über die Kartoffel:

> Schön rötlich die Kartoffeln sind
> Und weiß wie Alabaster
> Sie däun sich leiblich und geschwind
> Und sind für Mann und Weib und Kind
> Ein rechtes Magenpflaster

ÄPFEL MIT KARTOFFELN - oder HIMMEL UND ERDE

Zutaten:

1500 g Kartoffeln
500 g Äpfel
1/2 l Milch
2 Eßl. Zucker
1 Stück Speck
1 Zwiebel

Zubereitung: Die Kartoffeln werden wie Salzkartoffeln gekocht, mit der Milch vermischt, wie zu Kartoffelbrei.
Die Äpfel werden zu Kompott gekocht, dann mischt man alles gut durcheinander und gibt beim Anrichten den mit der Zwiebel ausgebratenen Speck darüber.

DAZU REICHT MAN GEBRATENE "HAUSMACHER BLUTWURST" !

BAUERNSUPPE

Zutaten:

3	Mohrrüben
1/2	Sellerieknolle
3	große Kartoffeln
1/4	Weißkraut
1	Stange Lauch
1	große Zwiebel
50 g	Fett
	einige dünne Speck- und Käsescheiben

Zubereitung: Mohrrüben, Sellerie, Kartoffeln und Weißkraut werden geputzt und grob geraffelt. Lauch und Zwiebeln schneidet man in Scheiben. Das Gemüse wird in Fett angebraten, gesalzen und nach etwa 25 Minuten mit Fleischbrühe aufgefüllt. Man läßt die Suppe 30 Minuten kochen. Dann gibt man sie in eine feuerfeste Schüssel, belegt sie mit dünnen Speck- und Käsescheiben und überbäckt sie im Ofen goldbraun.

BRENNESSELSUPPE

Zutaten:
1 l Fleischbrühe
2 altbackene Brötchen
200 g junge Brennessel

Zubereitung: Die Brötchen schneidet man in feine Scheiben und gibt sie in die Brühe. Junge Brennessel gut waschen, überbrühen und fein hacken. In der Brühe aufkochen und mit ein wenig Grieß andicken.

Nach Belieben kann die Suppe mit einem Ei verfeinert werden.

DICKER HANNES

Zutaten:	2500	g	Kartoffeln
	2		Eier
			Salz
	1		Zwiebel
	50	g	Schmalz
	250	g	durchwachsener Speck
	1/8	l	saure Sahne

Zubereitung: Die geschälten Kartoffeln werden gerieben und ausgedrückt. Die Kartoffelmasse vermischt man mit den Eiern und der gehackten Zwiebel und schmeckt mit Salz ab. Anschließend gibt man diese Masse in den zuvor mit Schmalz eingefetteten Bräter und steckt die Speckstreifen in den Kartoffelteig. Das Ganze übergießt man mit der sauren Sahne und verteilt Butterflöckchen darauf.

Dann schiebt man den Bräter in den Backofen und bäckt den "Dicken Hannes" 90 Minuten bei 180-200 Grad.

DAZU SCHMECKT APFELMUS UND EIN KÜHLES BIER !

DILLGURKEN

Zutaten:	1,5	kg	Schlangengurken
	1/2	l	Weinessig
	1/4	l	Wasser
	125	g	Zucker
	25	g	Salz
	1		Bund frischer Dill
	1		Zwiebel
	30	g	ger. Meerrettich
	1	TL	Senf- und Pfefferkörner

Zubereitung: Die Gurken werden geschält, längs halbiert und entkernt. In ca. 2 cm breite Stücke schneiden. In der Zwischenzeit bringt man den Essig mit dem Zucker und den Gewürzen zum Kochen. Die Gurkenstücke werden kurz darin aufgekocht und abwechselnd mit den Zwiebelstückchen und dem Dill in einen Steintopf geschichtet. Den noch warmen Sud darübergießen, gut verschließen und kühl stellen.

DULKES

Zutaten:	750	g	Kartoffeln
	1		Ei
	1	St.	geräucherte Mettwurst
	1		Apfel
	1		Zwiebel
			Salz, Pfeffer
			Öl

Zubereitung: Die Kartoffeln werden geschält und gerieben. Die Flüssigkeit läßt man auf einem Haarsieb ablaufen. Dann vermischt man die Kartoffelmasse mit dem Ei, Salz und Pfeffer. Die Wurst und den Apfel schneidet man in kleine Stücke, würfelt die Zwiebel und vermengt alles gut mit der Kartoffelmasse.

In einem Bratentopf erhitzt man das Öl, gibt die Masse hinein und brät den "Dulkes" im Backofen, bis er auf beiden Seiten schön knusprig braun ist.

Dazu ißt man Apfelbrei und trinkt heißen Kaffee !

EIERKÄSE

Zutaten:
6 gr. Eier
1/2 l Milch
1 Pr. Salz
2-3 Eßl. Zucker (nach Geschmack)

Zubereitung: Die Eier mit Salz und Zucker verquirlen, nach und nach die Milch einlaufen lassen. Im Wasserbad so lange kochen, bis die Masse stockt. Vorsichtig löffelweise in eine Form füllen und ablaufen lassen.

Den Eierkäse schneidet man in Scheiben und ißt ihn zusammen mit "Kringe" (einem Hefegebäck) !

EIERKÄSE IST EINE ÜBERLIEFERTE HOCHZEITS- UND BEERDIGUNGSSPEISE. SIE STAMMT AUS DEM WESTERWALD, WO HEUTE NOCH DIE EIERKÄSEFORMEN AUS TON HERGESTELLT WERDEN. DIESE FORMEN SIND RUND ODER HERZFÖRMIG, INNEN GERIPPT UND AM BODEN MIT LÖCHERN VERSEHEN. DAMIT DIE MOLKE GUT ABLAUFEN KANN, STEHT DIE FORM AUSSERDEM NOCH AUF KLEINEN FÜßCHEN.

WENN SIE KEINE EIERKÄSEFORM BESITZEN, DANN LEGEN SIE AM BESTEN EIN LEINENTUCH IN EIN SIEB, DAMIT DIE MOLKE ABLAUFEN KANN.

DAS EINSALZEN

Um größere Mengen Gemüse für den Winter haltbar zu machen, bediente man sich des Einsalzens. Dieses Verfahren war bequem und billig. Man verwendete es bei grünen Bohnen, Gurken und mit ganz besonders gutem Erfolg bei Weißkraut.

Für die Kunst des Einsalzens nach Oma's Art, sind einige allgemeine Regeln zu beachten:

- Die zum Einlegen der Gemüse bestimmten Steintöpfe müssen gründlich gescheuert, mit heißem Wasser ausgebrüht und an der Luft getrocknet sein

- Weißkraut und Bohnen werden mit der Hand oder einem Holzstampfer so fest eingedrückt, daß der Saft übersteht

- Man legt über das Gemüse ein Leinentuch, das vorher mit heißem Wasser gebrüht sein muß

- Alle 10-14 Tage müssen Tuch, Brett und Stein sauber gespült werden

- Sollte das Gemüse im Laufe des Winters einmal zu wenig Lake haben, gießt man erkaltete Salzlösung nach.

GRÜNE BOHNEN

Zutaten: 5 kg Bohnen
200 g Salz

Zubereitung: Man verwendet am besten junge Stangenbohnen. Sie werden gewaschen, gut getrocknet, abgefädelt und geschnippelt. Dann vermischt man sie mit dem Salz und drückt sie so fest wie möglich in einen Steintopf.

Sie werden mit einem Tuch bedeckt, mit Brett und Stein beschwert und an einem kühlen Ort aufbewahrt.

GURKEN

Fleckenlose grüne Gurken werden 12-14 Stunden in kaltes Wasser gelegt, abgetrocknet und mit Weinlaub und Dillblüten fest in einen Steintopf geschichtet. Man kocht eine Salzlösung (30-50 g Salz auf 1 Liter Wasser) und gießt sie heiß darüber. Die Gurken werden mit einem Tuch bedeckt und mit Brett und Stein beschwert, im Keller aufbewahrt. Nach 3-4 Wochen kann man sie verwenden.

Veränderung: Man kann auch Sauerkirschblätter, Estragon, Lorbeerblätter und Meerrettichstücke mit einschichten.

Es gab früher kein Haus im Dorf, wo nicht das Sauerkrautfaß im Keller stand, heute ist es eine Seltenheit geworden !

SAUERKRAUT

Zutaten: 5 kg Weißkraut
100 g Salz

Zubereitung: Feste, frische Weißkrautköpfe werden von den äußeren Blättern befreit und fein gehobelt.
Dann stampft man das Kraut abwechselnd mit Salz in einen Steintopf, und zwar muß jede Krautlage so fest gestampft werden, daß der sich bildende Saft über dem Kraut steht.
Obenauf legt man einige Krautblätter, zum Beschweren nimmt man ein Brett, möglichst im Durchmesser des Topfes und einen Feldstein. Der Topf wird mit einem Tuch zugebunden und im Keller aufbewahrt.

Veränderung: Man kann Wacholderbeeren, Weinblätter oder Apfelscheiben mit einschichten (auf 5 kg Weißkraut rechnet man 500 g Äpfel).

Dauer der Gärung: 4 - 6 Wochen

FINGERNUDELN

Zutaten:

- 1 kg gekochte Kartoffeln
- 250 g Gustin oder Maizena
- 1/4 l Milch
- Salz

Zubereitung: Die heißen Kartoffeln werden abgepellt und sofort durch die Kartoffelpresse gedrückt.
Dann verknetet man die Masse locker mit dem Gustin, Salz und der heißen Milch. Den Teig formt man zu einer Rolle und schneidet davon etwa 2 cm dicke Scheiben, die man zu fingerlangen Stücken rollt.

In der Zwischenzeit einen größeren Topf mit Salzwasser zum Kochen bringen und die Fingernudeln auf kleiner Flamme ziehen lassen.
Sie sind gar, wenn sie im Topf nach oben steigen.

Dazu serviert man eine Speck- oder Zwiebelsoße !

Aus dem Kräutergarten der Natur:

FRÜHLINGSKRÄUTERSUPPE

Zutaten:	2	Eßl.	gehackte Kräuter (Sauerampfer, Löwenzahn, Brennessel, Schafgarbe, Kerbel, Gundermann)
	40	g	Butter
	40	g	Mehl
	1 1/4	l	Brühe
			Salz
	1		Eigelb oder
	2	Eßl.	saure Sahne

Zubereitung: Man wäscht die Kräuter gründlich, hackt sie fein und dünstet sie in Butter. Dann gibt man das Mehl unter Rühren hinzu und löscht dann mit der Brühe ab und läßt die Suppe aufkochen. Sie wird mit Salz abgeschmeckt und mit dem Eigelb oder der sauren Sahne abgezogen.

GEFÜLLLTER KOHLKOPF

Zutaten:	1		mittlerer Krautkopf
	300	g	Hackfleisch
	1		Ei
	1	tr.	Brötchen
			Salz, Pfeffer, Muskat
	1		Zwiebel

Zubereitung: Von dem Krautkopf werden die äußeren Blätter entfernt, das Innere wird klein geschnitten, abgekocht und gehackt.
Das Hackfleisch wird mit den Gewürzen, dem eingeweichten und ausgedrückten Brötchen, dem Ei und der gehackten Zwiebel zu einem würzigen Fleischteig verarbeitet.
Auf einem Teller breitet man eine Stoffserviette aus, und legt den Kohl mit den dicken Rippen nach unten auf das Tuch. Dann legt man zunächst eine Lage Fleisch auf die Blätter, darauf gehacktes Gemüse und schichtet beides abwechseld ein. Die letzte Lage muß Fleisch sein. Man schlägt dann die Blätter zusammen, bindet das Tuch zu und legt es in einen Topf, der mit Salzwasser gefüllt ist. Dazu gibt man noch 2-3 Gewürznelken und 1 Lorbeerblatt. Der Kohlkopf muß ca. 90 Minuten kochen. Wenn zuviel Flüssigkeit verkocht, etwas Wasser nachgießen, das Tuch muß immer mit Wasser bedeckt sein.

DAZU SCHMECKEN SALZKARTOFFELN UND EINE RAHMSOßE !

GERSTENSUPPE MIT KARTOFFELN

Zutaten:

2 1/2	l	Wasser
6		Eßl. Gerste (Graupen)
750	g	Kartoffeln
50	g	Fett
		reichlich Suppengrün
		Salz

Zubereitung: Dicke Gerste (Graupen) wird am Tag vorher gelesen, gewaschen und eingeweicht. Am nächsten Morgen setzt man sie zeitig aufs Feuer. Nachdem sie 1 Stunde gekocht hat, gibt man die in kleine Würfel geschnittenen Kartoffeln und das Suppengrün dazu. Die Suppe muß ca. 3 Stunden kochen.

Man kann Speck ausbraten und dazugeben, besser ist es noch, wenn Fleisch in der Suppe mitgekocht wird.

DIESES REZEPT STAMMT NOCH AUS DER "KOCHSCHULE" FÜR JUNGE MÄDCHEN, ANFANG UNSERES JAHRHUNDERTS.

GRIEẞSCHNITTEN

Zutaten:

1 l Milch
500 g Hartweizengrieß
3 Eier
etwas Salz
Paniermehl

Zubereitung: Milch und Salz zum Kochen bringen und den Grieß mit dem Schneebesen schnell einrühren. Die mit etwas Milch verquirlten Eier unter die Grießmasse rühren. Auf einer mit Paniermehl bestreuten Platte verteilt man die Grießmasse gleichmäßig, ca. 3 cm dick und drückt sie etwas an, damit das Paniermehl von untenher anhaftet. Die Oberfläche bestreut man ebenfalls mit Paniermehl. Nach dem Erkalten schneidet man die Grießmasse in Stücke und bäckt sie in heißem Fett, bis sie eine goldgelbe Farbe haben.

DAZU REICHT MAN STACHELBEERKOMPOTT !

HAFERBROT

Zutaten:	750	g	Mehl
	40	g	Hefe
	1	TL	Zucker
	1/2	l	Milch (lauwarm)
	250	g	kernige Haferflocken
	20	g	Salz
			etwas Milch

Zubereitung: Die zerbröckelte Hefe mit dem Zucker und der Milch verrühren, 2/3 des Mehls dazusieben und unterrühren. Dann siebt man das restliche Mehl auf den Vorteig, verteilt die Haferflocken und das Salz am Schüsselrand und läßt den Teig abgedeckt an einem warmen Ort ca. 20-30 Minuten gehen. Anschließend gut durcharbeiten, der Teig muß sich vom Schüsselrand lösen. Wenn er zu fest ist, ein wenig Milch, wenn er klebt, etwas Mehl hinzufügen. Dann knetet man den Teig gut durch. Man formt 1 oder 2 Brote, wälzt sie in Haferkörnern und legt sie auf ein gefettetes Backblech. Man bepinselt das Brot mit etwas Milch und läßt es an einem warmen Platz zugedeckt aufgehen. Dann wird es wieder mit Milch bestrichen und bei 240 bis 250 Grad ca. 50 Minuten gebacken.

HAGEBUTTENSOßE

Zubereitung: Die Hagebutten werden ausgekernt, der Stiel und der schwarze Kopf abgemacht, dann setzt man sie mit Wasser auf und kocht sie weich. Das Mark wird durch ein feines Sieb geschlagen. Um die Soße sämiger zu machen, rührt man etwas Kartoffelmehl daran und schmeckt mit Zucker ab.

HAGEBUTTENWEIN

Zutaten:
12 l Hagebuttenmasse
18 l Wasser
6-8 kg Zucker

Zubereitung: Recht reife Hagebutten werden von Stiel und Blüte befreit, in eine Schüssel getan und an einen kühlen Ort gestellt, bis sie vollständig weich sind. Sie müssen täglich umgerührt werden, damit sich kein Schimmel bildet. Die Zeitdauer richtet sich nach dem Reifegrad.
Die weichen Beeren dreht man durch eine Beerenmühle. Zucker in warmem Wasser (es bewirkt eine schnellere Gärung) vollständig auflösen und mit den Hagebutten sowie dem restlichen Wasser vermengen. Diese Masse füllt man nun in ein sauberes Faß, verschließt es die ersten 14 Tage mit einem Mulläppchen, später mit einem Gärspund, in dessen Glasröhrchen etwas Glyzerin gefüllt wird, und stellt das Faß in einen warmen Raum. Es ist gün-

stig, den Inhalt in den ersten 2 Wochen einige Male umzurühren.

Man lasse dem Wein fünf bis sieben Monate Zeit für die Hauptgärung. Währenddessen haben sich alle Unreinlichkeiten der Früchte unten im Faß abgesetzt. Mit Hilfe eines Schlauches wird der Wein umgefüllt oder durchgesiebt. Sollte er nicht süß genug sein, noch 1 bis 2 kg aufgelösten Zucker hinzugeben. Danach wieder mit einem Gärspund verschließen und ein weiteres halbes Jahr gären lassen.

Erst dann wird das Faß fest verspundet und kann im Keller ein Jahr oder länger ruhen.

Man füllt den Wein in saubere trockene Flaschen, verkorkt sie fest und lagert sie aufrecht.

DIE HAGEBUTTE IST EINE AROMATISCHE FRUCHT UND LIEFERT EINEN VORZÜGLICHEN WEIN, DER IM GESCHMACK UND FARBE EINEM SÜDLÄNDISCHEN TROPFEN KAUM NACHSTEHT.

HEFEKLÖßE MIT EIERSOßE

Zutaten:

500 g Mehl
25 g Hefe
1/2 l lauwarme Milch
etwas Salz

Zubereitung: Die zerbröckelte Hefe in 3 Eßl. lauwarmer Milch auflösen. Mehl, Hefe und Milch werden zu einem Hefeteig zubereitet.
Den Teig an einem warmen Platz 45 Minuten gehen lassen, dann mit etwas Salz und Mehl zusammen kneten. Aus dem Teig Klöße formen, auf ein mit Mehl bestäubtes Blech legen und nochmals aufgehen lassen.

Einen breiten Topf mit 2/3 kochendem Wasser füllen. Ein Tuch über die Topföffnung spannen und an den Henkeln festbinden. Die aufgegangenen Hefeklöße auf das Tuch legen und zudecken. Die Klöße etwa 10-15 Minuten auf dem Dampf garen.

Das Wasser darf nicht zu stark kochen !
Während der Garzeit darf der Deckel nicht hochgenommen werden. Die Klöße sofort nach dem Garen aus dem Tuch nehmen und mit einer Gabel leicht aufreißen, damit der Dampf entweichen kann und der Teig locker bleibt.

Zu den Hefeklößen reicht man eine Eiersoße:

Man schneidet 125 g Speck in kleine Würfel und läßt sie in einem Topf glasig ausbraten. Dann gibt man 1 1/2 Eßl. Mehl hinzu und verrührt alles mit 1/2 l Milch. Die Soße mit Salz abschmecken und aufkochen lassen. Zuletzt verquirlt man 2-3 Eier und läßt sie in die Soße einlaufen, so daß die Eier gerinnen.

KALBSRAGOUT

Zutaten:

750	g	Kalbsbrust
1		Zwiebel
1		Lorbeerblatt, Pfefferkörner, Salz
1/2		unbehandelte Zitrone
1		altbackenes Brötchen
		evtl. zum Verfeinern etwas Sahne

Zubereitung: Das Fleisch wird in große Würfel geschnitten, mit Mehl bestäubt und in heißem Fett angebraten. Dazu gibt man eine gewürfelte Zwiebel. Dann gießt man nach und nach soviel Wasser zu, daß es mit dem Fleisch gleich hoch steht. Dazu gibt man nun die Gewürze, ein Stückchen Zitrone und ein altbackenes Brötchen, in feine Scheiben geschnitten. Man läßt das Fleisch bei 200 Grad etwa eine Stunde im Backofen schmoren.

Nach Belieben kann man die Soße mit etwas Sahne verfeinern.

KARTOFFELBROT

Zutaten:

500	g	Mehl
1 1/2	P.	Trockenhefe
1	TL	Salz (gestrichen)
75	g	zerlassene Butter
1		Ei
1/8	l	Milch

Zubereitung: Das Mehl in eine vorgewärmte Schüssel geben und in die Mitte eine Vertiefung drücken. Die Hefe mit etwas lauwarmer Milch glattrühren und in die Mulde gießen. Mit soviel Mehl vermengen, daß ein Vorteig entsteht. Diesen mit etwas Mehl bestäuben und an einem warmen Ort 15 Minuten gehen lassen. Danach die restliche Milch erwärmen, mit Butter, Salz, Mehl und Ei zu einem glatten Teig verarbeiten, schlagen bis er Blasen wirft und ca. 20 Minuten gehen lassen. Unter diesen Teig mengt man ein Pfund gekochte, geriebene Kartoffeln (keine Pellkartoffeln), fettet eine Kastenform und gibt den Teig hinein. Dann nochmals gehen lassen. Man bäckt das Kartoffelbrot eine knappe Stunde bei 180 Grad.

GANZ FRISCH, MIT BUTTER UND SALZ SCHMECKTS AM BESTEN !

KARTOFFELKLÖSSE

Zutaten: 1000 g rohe Kartoffeln
750 g gekochte Kartoffeln
2 Eßl. Kartoffelmehl
2 Eßl. Mehl
Salz nach Geschmack

Zubereitung: Die am Vortag gekochten Kartoffeln werden gerieben. Die rohen Kartoffeln schälen, ebenfalls reiben und in einem Tuch gut ausdrücken. Diese Masse mit heißer Milch überbrühen, damit sie schön hell bleibt.

Alle Zutaten werden dann zu einem festen Teig verarbeitet. Runde oder längliche Klöße daraus formen und ca. 15 Minuten in kochendem Salzwasser so lange ziehen lassen, bis die Klöße oben schwimmen.

Dazu reicht man eine Eiersoße:

Eine Zwiebel wird gewürfelt, mit Mehl bestäubt und in heißem Fett gebräunt. Dann löscht man mit etwas Brühe ab und verfeinert die Soße mit 2 verquirlten Eiern, die man in die Soße einlaufen läßt.

ZU DIESEM GERICHT SCHMECKT AM BESTEN APFELBREI !

KARTOFFELSUPPE

Zutaten:

750	g	Kartoffeln
2 1/2	l	Wasser
50	g	Fett
3	Eßl.	Mehl
1		Zwiebel
		etwas Suppengrün
		Salz
		etwas Wirsing

Zubereitung: Alle Zutaten werden vorbereitet. Dann setzt man die Kartoffeln, Zwiebeln, Wirsing und Suppengrün mit Wasser auf und läßt es etwas kochen. Das Mehl wird mit kaltem Wasser angerührt und man läßt es in der Suppe aufkochen. Zuletzt erhitzt man das Fett, brät eine gewürfelte Zwiebel darin an und gibt diese in die Suppe.

KARTOFFELTOPF

Zutaten:	750	g	Kartoffeln
	250	g	Blutwurst
	2		Zwiebeln
	3		Eier
	80	g	Fett

Zubereitung: Man wäscht die Kartoffeln gründlich und kocht sie in der Schale gar. Sie werden sofort abgezogen, erkaltet in Scheiben geschnitten. Die Blutwurst wird ebenfalls in Scheiben geschnitten, die Zwiebeln schneidet man in Ringe.
Dann brät man die Blutwurst mit der Zwiebel an, wobei man tüchtig rühren muß, denn die Zwiebeln sollen glasig bleiben.

Nun werden eine Schicht Wurst und eine Schicht Kartoffeln in eine gefettete Pfanne gegeben. Die Eier verquirlt man mit etwas Milch und Salz und gießt sie darüber. Obenauf gibt man noch einige Butterflöckchen und überbäckt das Gericht bei 200 Grad ca. 30 Minuten im Backofen.

Dazu kann man saure Gurken als Beilage servieren.

Kerbel ist ein vielseitig verwendbares Gewürzkraut. Auch in der französischen Küche wird es sehr geschätzt. Verwendbar ist Kerbel in Salaten, Soßen, Suppen, Fisch- oder Eierspeisen. Hier ist das Rezept für eine:

KERBELSUPPE

Zutaten:

- 1 l Rindfleischbrühe
- 50 g Butter
- 50 g Mehl
- 2 Eigelb
- 1/4 l süße Sahne
- Salz, Zitronensaft, Muskat
- 1 Tasse feingehackte Kerbelblätter

Zubereitung: Aus Mehl und Butter eine helle Schwitze bereiten und mit der Rindfleischbrühe auffüllen und durchkochen.
Die beiden Eigelb mit der Sahne verquirlen und in die Suppe rühren. Mit Salz, Zitronensaft und Muskat abschmecken.

Zum Schluß die gehackten Kerbelblätter zugeben, ziehen lassen und mit gerösteten Brotwürfeln servieren !

KRAUTKUCHEN

für 4 - 6 Personen

Zutaten:	1 kg	Kartoffeln
	1	Weißkraut
	500 g	Hackfleisch gemischt
	2	Eier
	2	tr. Brötchen
	1	Zwiebel
		Salz, Pfeffer, Muskat

Zubereitung: Das Weißkraut putzen und kurz kochen, dann fein schneiden und mit dem Gehackten, der gewürfelten Zwiebel, den vorher eingeweichten und ausgedrückten Brötchen, 1-2 Eidottern und den Gewürzen vermengen.
Eine Pfanne fetten, den gemengten Krautteig darin verteilen und zum Backen in die vorgeheizte Röhre schieben. Nach etwa einer Stunde, wenn der Krautkuchen sich am Rand leicht bräunt, wird er herausgenommen und gleich in der Pfanne serviert.

Zur Verfeinerung kann er kurz vor dem Herausnehmen mit einigen Löffeln saurer Sahne und einigen Butterflöckchen bestrichen werden. Damit das Gericht nicht zu trocken wird, kann eine Specksoße dazu gereicht werden.

LAUBFRÖSCHE oder MANGOLDROLLEN

Zutaten:		
1000	g	Mangold
250	g	Hackfleisch gemischt
1		tr. Brötchen
1		kl. Zwiebel
1	Eßl.	gehackte Petersilie
1		Ei
		Salz, Pfeffer, ger. Muskatnuß
50	g	flüssige Butter
3/8	l	Gemüsebrühe
20	g	Speisestärke
1/8	l	saure Sahne

Zubereitung: Mangoldblätter verlesen, waschen, kurz überbrühen und abtropfen lassen. Aus dem Hackfleisch, eingeweichtem und ausgedrücktem Brötchen, gehackter Zwiebel, Petersilie, Ei und den Gewürzen einen pikanten Fleischteig herstellen, den Teig zu einer Rolle formen und in gleichgroße Stücke teilen. Jeweils mehrere Mangoldblätter übereinanderlegen, eine Portion Hackfleischteig daraufgeben und zusammenrollen. Die Rollen in eine gefettete Auflaufform legen, mit heißem Fett und Gemüsebrühe übergießen und ca. 20-25 Minuten weich dünsten.

Die "Laubfrösche" auf eine vorgewärmte Platte legen. Die Speisestärke mit der sauren Sahne anrühren, in die Brühe gießen und unter Rühren kurz aufkochen lassen. Die Soße abschmecken und zu den Gemüserollen servieren.

FRISCHER LÖWENZAHNSALAT NACH BAUERNART

Löwenzahn eignet sich wegen seiner entschlackenden Wirkung sehr gut für eine Frühjahrskur. Wer etwas gegen den leicht bitteren Geschmack hat, braucht die Blätter vorher nur kurz wässern.

Für einen leckeren Salat sind natürlich nur die jungen frischen Blätter, wie man sie im Frühjahr findet, geeignet. Sie müssen für den Salat gut verlesen und selbstverständlich gut gewaschen werden.

Zubereitung: In einer Pfanne zerläßt man etwas Butter. Darin wird in Würfel geschnittener, durchwachsener Speck kurz angebraten. Zu den Speckwürfeln kommt ein wenig gehackter Knoblauch und einige Weißbrotwürfel. Alles zusammen wird knusprig geröstet.

Während die Pfanne langsam abkühlt, kann man die Schüssel für den Salat vorbereiten. Sie soll leicht angewärmt sein und vorher mit einer Knoblauchzehe ausgerieben werden.
In diese Schüssel kommen nun die Löwenzahnblätter, die mit Essig und Öl und etwas Pfeffer gewürzt werden. Darüber gibt man die in der Pfanne angerösteten Würfel.

OPA'S KÜRBISKOMPOTT

Zutaten:	800	g	geschälten, nicht zu reifen Kürbis
	500	g	Zucker
	1/4	l	Apfelsaft
	1	St.	Meerrettich
	3/4		Tasse Essigessenz
	1	P.	Vanillezucker
	1/2	St.	Zimt
			einige Gewürznelken
			etwas Salz

Zubereitung: Den Kürbis in dicke Würfel schneiden und mit Scheibchen der Meerrettichwurzel in eine Schüssel geben. Den Apfelsaft mit Wasser, Essigessenz, Zucker und den Gewürzen aufkochen und über die Kürbiswürfel gießen, zugedeckt über Nacht stehen lassen.

Am nächsten Tag die Flüssigkeit abgießen und nochmals zum Kochen bringen. In der Zwischenzeit die Kürbiswürfel in einen Steintopf füllen und die heiße Flüssigkeit darübergießen. Etwa fingerhoch sollte sie über dem Kürbis stehen. Ein Cellophanblatt darüberlegen und den Steintopf gut verschließen.

RUTSCH IN DIE "PANN"

Zutaten:	4	Eier
	4	gehäufte Eßl. Zucker
	1/8 l	saure Sahne
	1	Eßl. Öl
	300 g	Mehl
	2 TL	Backpulver

Zubereitung: Die Zutaten nacheinander in eine Schüssel geben und gut verrühren.

Den Teig löffelweise in heißes Fett geben und bei schwacher Hitze von beiden Seiten backen. Nach Belieben können Apfelscheiben mitgebacken werden.

Noch warm mit Puderzucker bestreuen und sofort servieren !

Mit der "PANN" ist natürlich eine Bratpfanne gemeint, in der das Gericht zubereitet wird.

SAUERAMPFERSUPPE

Zutaten:

500 g Dörrfleisch
5 Kartoffeln
1/2 Tasse Grütze
Salz, Pfeffer, Lorbeerblatt
1 Zwiebel
junge Blätter vom Sauerampfer (ca. 1 Teller voll)
2 hartgekochte Eier

Zubereitung: Die Kartoffeln werden kleingewürfelt, die Zwiebel geviertelt und mit dem Fleisch, der Grütze und den Gewürzen mit 1 bis 1 1/2 l Wasser gargekocht.

Der Sauerampfer wird gewaschen, gebrüht, püriert und anschließend der Suppe zugefügt. Die ausgekochte Zwiebel und das Lorbeerblatt entfernt man vor dem Servieren. Das Fleisch kann man anderweitig verwenden, oder auch in kleine Würfel schneiden und der Suppe beifügen. Die gekochten Eier werden gewürfelt und der fertigen Suppe beigegeben. Man kann die Suppe auch mit einem Schuß saurer Sahne verfeinern.

SCHLITTSCHUHKARTOFFELN

Zutaten:	1	kg	Kartoffeln
	200	g	Speck od. Dörrfleisch
	1		Zwiebel
	2	Eßl.	Mehl
			etwas Milch
	1		Zehe Knoblauch
			Petersilie, Salz, Pfeffer

Zubereitung: Pellkartoffeln kochen (nicht zu weich), schälen und ganz kalt werden lassen. Die kalten Kartoffeln werden in Scheiben geschnitten. In der Zwischenzeit Speck oder Dörrfleisch in kleine Stücke schneiden und mit der gewürfelten Zwiebel glasig dünsten. Mit Mehl bestäuben und mit der Milch ablöschen, gut umrühren und aufkochen lassen. Zerdrückte Knoblauchzehe, Salz und Pfeffer hinzufügen. Nun werden die Kartoffelscheiben vorsichtig untergehoben und man läßt sie in der Soße nochmals aufkochen. Anschließend läßt man das Gericht kräftig ziehen und hebt die gehackte Petersilie unter. Nach Geschmack kann man mit einem Schuß Essig das Ganze etwas abschmecken.

Dazu gab es früher Buttermilch, eine dicke Scheibe Preßkopf oder hartgekochte Eier !

SCHNAUSEL

Schnausel ist ein Essen der Resteverwertung. Wenn Sie vom Vortag noch gekochtes Sauerkraut übrig haben, ist schnell eine frische Mahlzeit auf dem Tisch !

Zutaten:	Salzkartoffeln (Menge je nach Personen) Sauerkraut Hausmacher Blutwurst
Zubereitung:	Kartoffelstücke kochen und anschließend stampfen, dann das Sauerkraut dazugeben. Die Blutwurst braten, das Bratenfett zu den Kartoffeln und dem Sauerkraut geben, gut umrühren und aufkochen lassen.

SPIEGELEI-KUCHEN

Zutaten:

Teig:

100 g Butter
100 g Zucker
100 g Mehl
4 Eier
1 TL Backpulver

Belag:

1 P. Puddingpulver (Sahnegeschmack)
2 Eßl. Zucker
1 D. Aprikosenhälften
1 B. Schmand (saure Sahne mit 24 % Fett)
1 P. Tortenguß klar

Zubereitung: Aus den Teigzutaten einen Rührteig bereiten und in einer gefetteten Springform bei 175 Grad ca. 20 Minuten backen.
Den nach Vorschrift zubereiteten Pudding abkühlen lassen und öfters dabei umrühren, damit sich keine Haut bildet. Dann zieht man den Schmand unter und streicht die Masse auf den Boden. Die Aprikosenhälften läßt man gut abtropfen und verteilt sie dann darauf. Dann wird der Kuchen nochmals 20 Minuten bei 175 Grad gebacken.

Den Tortenguß bereitet man mit dem verbliebenen Saft und verteilt ihn auf dem abgekühlten Kuchen.

WAFFELN

Zutaten:

25	g	Hefe
1/4	l	Milch
125	g	Butter
3	Eßl.	Zucker
4		Eier
375	g	Mehl
		etwas Salz

Zubereitung: Hefe mit etwas Zucker und warmer Milch auflösen, die restliche Milch mit dem Mehl und der Hefe glattrühren. Die weiche Butter mit dem Zucker, einer Prise Salz und den Eiern schlagen und darunter heben. Dann läßt man den Teig an einem warmen Platz gehen.

Das heiße Waffeleisen mit einer Speckschwarte oder etwas Öl einfetten und die Waffeln hellbraun backen.

Zum Servieren werden sie mit Zucker bestreut !

WEINSUPPE

Zutaten:	3/4 l	Weißwein
	1/4 l	Wasser
	1	Zimtstange
	1 Stück	unbeh. Zitronenschale
	1 Eßl.	Zucker
	1/2 Eßl.	Mehl
	1	Ei

Zubereitung: Man erhitzt Weißwein, Wasser, Zimtstange, Zitronenschale und Zucker ganz langsam.

Dann verrührt man das Mehl mit dem Eigelb, gibt es in die Suppe, läßt es kurz aufkochen und schmeckt mit Salz und Zucker ab. Das Eiweiß schlägt man zu Schnee, süßt mit 2 Teel. Zucker und sticht kleine Klößchen ab, die man auf die heiße Suppe setzt. Man verschließt den Topf mit einem Deckel und läßt die Klößchen in ca. 5 Minuten fest werden.

DER WEINSUPPE KÖNNEN NACH BELIEBEN AUCH ROSINEN BEIGEFÜGT WERDEN !

ES GIBT VIELE ARTEN VON SCHMANDKUCHEN. DIESES REZEPT IST ETWAS GANZ BESONDERES !

WESTERWÄLDER HOCHZEITSKUCHEN

Zutaten:

Teig

500	g	Mehl
1/4	l	Milch
2	Eßl.	Zucker
1	P.	Hefe
1	Pr.	Salz
2	Eßl.	Öl
100	g	Rosinen

Belag

1/2	l	Milch
40	g	Speisestärke (z.B. Gustin)
4	Eßl.	Zucker
3	B.	Créme fraîche (insgesamt 750 g)
2	Eßl.	Zucker

Zubereitung: Aus Mehl, lauwarmer Milch, Zucker und Hefe bereitet man den Vorteig, deckt die Schüssel mit einem Tuch ab und läßt ihn eine gute Viertelstunde gehen. Dann gibt man Salz und Öl dazu und knetet alles zu einem geschmeidigen Teig. Diesen Teig abgedeckt nochmals gehen lassen und auf einem gefetteten Backblech ausrollen. Die gewaschenen, gut abgetropften Rosinen darauf verteilen und nochmals gehen lassen.

Inzwischen kocht man aus Milch, Speisestärke und Zucker ein Flammeri und rührt unter die abgekühlte Masse 2 Becher Créme fraîche. Den Belag verteilt man auf der Teigplatte.

Dann bäckt man den Kuchen 30 Minuten bei 200 Grad.

Der restliche Becher Créme fraîche wird mit 2 Eßl. Zucker verrührt und über den Kuchen geträufelt. Dann wird der Kuchen noch 5 Minuten gebacken.

NEHMEN SIE FÜR DIESEN KUCHEN EIN GROßES BACKBLECH. MORGENS GEBACKEN, MITTAGS AUF DEN TISCH, SCHMECKT DER WESTERWÄLDER HOCHZEITSKUCHEN AM BESTEN !

WURZELSUPPE

Zutaten:	1/2		Kohlrabi
	1/2		Knolle Sellerie
	1-2		Möhren
	1		Petersilienwurzel
	1 St.		Porree
	1 1/4	l	Wasser oder Brühe
			etwas Salz
	40	g	Butter
	20	g	Mehl
	3-4		Scheiben Weißbrot
			etwas Butter zum Bräunen

Zubereitung: Das geputzte und gewaschene Gemüse wird kleingeschnitten oder geraspelt. Dann wird es in der leicht gesalzenen, kochenden Flüssigkeit weich gekocht und durch ein Sieb gestrichen. Man zerläßt das Fett, das Mehl wird so lange darin erhitzt, bis es hellbraun wird. Man gießt unter ständigem Rühren langsam das Gemüsewasser hinzu und läßt die Suppe ca. 10 Minuten schwach kochen.

Dann wird sie mit Salz abgeschmeckt und mit gebräunten Weißbrotwürfeln angerichtet.

ZWETSCHENKUCHEN MIT SCHAUM

Zutaten: Teig: 500 g Mehl
40 g Hefe
75 g Zucker
1 Prise Salz
3-4 Eßl. Öl
1/4 l Milch

Belag: 1 Glas Zwetschen

Für den Schaum: 1 Tasse Saft
1 Tasse Zucker
3 Eiweiß

Zubereitung: Aus Mehl, lauwarmer Milch, Zucker und Hefe bereitet man den Vorteig, deckt die Schüssel mit einem Tuch ab und läßt ihn eine gute Viertelstunde gehen. Dann gibt man Salz und Öl dazu und knetet alles zu einem geschmeidigen Teig. Diesen Teig abgedeckt nochmals gehen lassen und auf einem gefetteten Backblech ausrollen. Die abgetropften Zwetschen auf dem Teig verteilen und nochmals gehen lassen. In der Zwischenzeit 2 Eßl. Gustin mit 5 Eßl. Saft oder Wasser verquirlen. 1/4 l Saft zum Kochen bringen. Man nimmt den Topf von der Kochstelle und rührt das Gustin ein, läßt noch einmal aufkochen. Diese Masse läßt man etwas abkühlen und verteilt sie über dem Obst. Man bäckt den Kuchen 25 Minuten bei 200 Grad im vorgeheizten Ofen.

3 Eiweiß mit dem Zucker und dem Saft zu Schnee schlagen. Den Kuchen aus dem Ofen nehmen, die Eiweißmasse darauf verteilen und nochmals 5-10 Minuten backen.

AUS FRANKREICH'S KÜCHEN

Das kleine Dörfchen Menglon-en-Diois, in welches uns die Ahnenforschung führte, liegt inmitten einer herrlichen Bergwelt, eingebettet in Lavendelfelder, Weinberge, Walnuß- und Obstplantagen.

Man meint, die Zeit wäre hier stehen geblieben. Ist hier noch eine heile Welt, oder scheint es nur so ?

In alten Bauernhäusern, die sich schon seit Generationen im Familienbesitz befinden, lernte ich die einfache, französische Landküche kennen. Durch die herzliche Gastfreundschaft, die unsere Familie hier empfangen hat, reifte in mir der Gedanke, die Rezepte dieser Region zu Papier zu bringen. Es gibt ein französisches Sprichwort, das heißt:

"On ne mange bien que chez soi",

was auf deutsch soviel heißt wie:

"zu Hause ißt man doch am besten" !

Blättern Sie um, und sehen Sie selbst, was vielleicht Ihr Lieblingsgericht werden kann ....

Das Dörfchen Menglon-en-Diois

ANANASKUCHEN - (Gâteau à l'ananas)

Zutaten:

1 D. Ananas (8 Scheiben)
2 Eier
100 g Butter
100 g Zucker
1 Pr. Salz
100 g Mehl
1 TL Backpulver

Karamelmasse:

10 St. Zucker
3 Eßl. Wasser
einige Tropfen Zitronensaft

Zubereitung: Zuerst bereitet man den Karamel. Man bräunt den Zucker mit dem Wasser, fügt den Zitronensaft zu und gibt die Masse in eine mit Wasser ausgespülte Tarte-Form. (Eine Springform mit Backpapier ausgelegt, erfüllt den gleichen Zweck.)

Aus den angegebenen Zutaten stellt man einen lockeren Rührteig her. Die abgetropften Ananasscheiben legt man in die Form (auf die Karamelmasse) und gießt den Teig darüber. Man bäckt den Kuchen ca. 30 Minuten bei 180-200 Grad.

DEN KUCHEN GLEICH AUS DER FORM STÜRZEN, GANZ FRISCH SCHMECKT ER BESONDERS GUT !

BIRNENDESSERT - (Fondant aux poires)

für 6 Personen

Zutaten:

100	g	Mehl
120	g	Zucker
2		Eier
100	g	Crème fraîche
4	Eßl.	Öl
3	Eßl.	Rum
1/2	P.	Backpulver
1	P.	Vanillezucker
900	g	Williamsbirnen
30	g	Butter (zum Ausfetten)

Zubereitung: Die Birnen werden geschält, vom Kerngehäuse befreit und in Streifen geschnitten. Dann gibt man sie mit dem Vanillezucker in eine Schüssel und übergießt sie mit dem Rum.

In einer Schüssel verrührt man nun Eier, Zucker, Öl, Mehl und Backpulver mit der Crème fraîche zu einem lockeren Teig und zieht zum Schluß die Birnen unter. Eine Kasten- oder Springform gut ausfetten und den Teig einfüllen. Den Backofen auf 200 Grad vorheizen und 30-35 Minuten backen.

Man stürzt das Dessert sofort auf einen Kuchenrost und bestäubt es mit Puderzucker. Es kann warm oder kalt serviert werden.

EIERMAKRONEN - (Macarons aux oeufs)

Zutaten:	125	g	Butter
	250	g	Zucker
	2		Eier
	1	P.	Vanillezucker
	500	g	Mehl
	1	P.	Backpulver

Zubereitung: Die Butter mit dem Zucker schmelzen und abkühlen lassen. Die Eier nacheinander unterrühren, dann Vanillezucker, Mehl und Backpulver zufügen und zu einem geschmeidigen Teig verarbeiten.
Von dem Teig mit einem Teelöffel kleine Kugeln abnehmen (in Größe einer kleinen Nuß). Zwei Tassen bereitstellen, eine mit Eiweiß, die andere mit Zucker. Jede Teigkugel zuerst in das Eiweiß tauchen, dann in den Zucker. Anschließend legt man die Makronen auf ein gefettetes Backblech. Dabei ist darauf zu achten, daß sie nicht zu dicht nebeneinander liegen. Verzieren kann man die Teigkugeln vor dem Backen mit einer halben Nuß oder einer halben Kirsche. 12 Minuten bei 200 Grad backen.

FISCHRAGOUT - (Lotte en matelote)

Zutaten:

1	kg	Lotte in Scheiben (bei uns bekannt als Seeteufel)
3		Zwiebeln
		Butter, Olivenöl
3	Eßl.	Mehl
1/2	l	Fischbrühe, etwas Weißwein
		Nelke, Muskat, Salz, Pfeffer
1	Gl.	Cognac
		etwas Sahne
1		Eigelb

Zubereitung: Man erhitzt in einem Topf zu gleichen Teilen Butter und Olivenöl. Darin läßt man die kleingeschnittenen Zwiebeln goldgelb werden. Dann gibt man das Mehl dazu und löscht mit etwas Weißwein und der Fischbrühe ab.
Die Gewürze werden zugegeben und man läßt die Sauce zugedeckt ca. 45 Minuten köcheln. Anschließend legt man die Fischstücke hinein und läßt nochmals 20 Minuten auf kleiner Flamme köcheln.
Den Cognac brennt man in einer kleinen Pfanne ab. Wenn die Flamme erlischt, gießt man ihn in die Fischsauce und mischt diese vorsichtig durch.

Man nimmt das Gericht von der Herdplatte und zieht das mit der Sahne verrührte Eigelb unter.

FLEISCHPASTETE - (Caillettes du Diois)

für 6 Personen

Zutaten:

1	kl.	Kopf Weißkraut od. Wirsing
500	g	Spinat
1		grüner Salat
250	g	Schweineleber
400	g	Schweinefleisch
2-3	Eßl.	Olivenöl
1		Zwiebel
1		Knoblauchzehe
1	TL	gehackte Petersilie
		Salz, Pfeffer
1		Ei
1		Schweinenetz

Zubereitung: Kraut, Spinat und Salat abkochen und fein hacken. Leber und Schweinefleisch ebenfalls fein hacken, oder durch den Fleischwolf drehen. Das Öl wird in einem Topf langsam erhitzt. Darin läßt man die fein gehackten Zwiebeln und den Knoblauch glasig werden. Dann fügt man Leber und Fleisch zu und brät alles leicht an. Anschließend gibt man das Gemüse zu und überstäubt alles leicht mit Mehl. Man nimmt den Topf vom Herd und vermischt die Masse mit dem Ei.
Das Schweinenetz legt man in warmes Wasser, säubert es und schneidet es in 6 Quadrate. Auf jedes Stück gibt man etwas Fleischmasse und drückt das Netz zusammen.
Man füllt die Fettpfanne des Backofens zur Hälfte mit Wasser, gibt die Pastetenstücke hinein und gart sie bei 175-200 Grad, 45 Minuten.

GEFÜLLTE TOMATEN - (Tomates farcies)

Zutaten:	9	Tomaten
	2 Eßl.	Olivenöl
	9 TL	Reis (ungekocht)
	300 g	Bratenreste, Schweinemett od. Hackfleisch
	1 tr.	Brötchen
		etwas Milch
	1	Ei
		Knoblauch, Petersilie, Estragon
		Salz, Pfeffer

Zubereitung: Für die Füllung wird das Brötchen in der Milch eingeweicht und ausgedrückt, in einer Schüssel mit dem Ei und den Gewürzen vermischt. Dazu gibt man das Hackfleisch oder Schweinemett. Verwendet man Bratenreste, müssen diese vorher durch den Fleischwolf gedreht werden.

Von den Tomaten schneidet man einen kleinen Deckel ab und holt mit einem Teelöffel das Kerngehäuse heraus. Dann dreht man die Tomaten um, damit alle Flüssigkeit herausläuft.

In jede Tomate gibt man einen Teelöffel Reis und etwas Salz, darüber füllt man die Fleischmasse und setzt die Tomaten in eine Auflaufform. Den vorher abgeschnittenen Deckel setzt man wieder darauf.

2 Tomaten überbrüht man mit kochendem Wasser, zieht die Haut ab und entfernt das Kerngehäuse.

Anschließend schneidet man sie in Würfel
und verteilt sie in der Auflaufform.
Man übergießt die Tomaten mit dem Oliven-
öl und gart sie 50-60 Minuten bei 200 Grad.

JOGHURTKUCHEN - (Gâteau au yaourt)

Zutaten:	1 Becher	Joghurt natur der leere Becher dient zum Abmessen für die folgenden Zutaten:
	3 Becher	Zucker
	5 Becher	Mehl
	1 Becher	Öl
	3	Eier
	1 P.	Backpulver

Zubereitung: Aus den Zutaten einen lockeren Rührteig herstellen. Nach Belieben kann man ca. 100 g in Rum eingelegte Rosinen zum Schluß unter den Teig heben.

Den Teig in eine gut gefettete Springform füllen und ca. 1 Stunde bei 170 Grad backen.

Den ausgekühlten Kuchen mit Puderzucker bestäuben !

KÄSEAUFLAUF - (Soufflé au fromage)

Zutaten:

100	g	Mehl
1/2	l	Milch
4		Eier
150	g	ger. Gruyèrekäse (od. Emmentaler)
1	Eßl.	Butter
		Salz, Pfeffer, ger. Muskatnuß

Zubereitung: Zuerst erhitzt man die Butter in einer Kasserolle, gibt das Mehl hinein, läßt alles kurz anschwitzen, fügt die erwärmte Milch zu und läßt es bei schwacher Hitze unter dauerndem Rühren, zu einer dicklichen Soße verkochen. Die Gewürze fügt man anschließend bei.
Dann nimmt man die Kasserolle von der Feuerstelle, gibt den Käse dazu und rührt die Masse glatt. Die Eier werden getrennt, das Eigelb rührt man vorsichtig unter die Käsemasse. Das Eiweiß schlägt man mit einer Prise Salz zu einem steifen Schnee. Über den Eischnee gibt man vorsichtig die Käsemasse und rührt sie langsam mit einem Holzlöffel unter.
Nun fettet man eine Auflaufform mit etwas Butter und füllt die Masse ein.

Den Auflauf bäckt man im vorgeheizten Ofen bei mittlerer Hitze ca. 30 Minuten und bringt ihn sofort mit einem leichten Weißwein zu Tisch.

KARTOFFELAUFLAUF - (Gratin dauphinois)

Zutaten:

750	g	Kartoffeln
1/2	l	Milch
1		Ei
		geriebene Muskatnuß
125	g	Gruyèrekäse (ersatzw. Emmentaler)
50	g	Butter
		Knoblauch, Salz, Pfeffer

Zubereitung: Die Kartoffeln werden gewaschen, geschält, getrocknet und in feine Scheiben geschnitten. Nun gibt man die Kartoffelscheiben in eine Schüssel und vermischt sie mit den Gewürzen. Anschließend wird eine Auflaufform mit Butter ausgefettet und mit geriebenem Knoblauch ausgestrichen. Das Ei wird mit der Milch verschlagen. Der Käse wird gerieben. Nun schichtet man abwechselnd Kartoffeln und Käse ein, die oberste Schicht bildet der Käse. Das Ei-Milch-Gemisch gießt man über den Auflauf und verteilt Butterflöcken darüber.

Man gart das Gericht langsam im Backofen bei 180 Grad, bis es anfängt zu kochen.
Bei 225 Grad läßt man es dann zugedeckt 30 Minuten weitergaren.
Während der letzten 10 Minuten nimmt man den Deckel ab, daß der Käse braun wird.

KASTANIENSUPPE - (Potage aux marrons)

Zutaten:

1	l	Wasser
1	l	Milch
500	g	Eßkastanien
2		Zwiebeln
1/4		Staudensellerie
30	g	Butter
4	Eßl.	Crème fraîche
		Salz und Pfeffer

Zubereitung: Zuerst befreit man die Kastanien von der ersten Haut. Dann legt man sie in kaltes Salzwasser, läßt sie aufkochen und 30 Minuten ziehen. Anschließend nimmt man sie aus dem Wasser und läßt sie in einem Sieb ablaufen. Nun kann man die zweite Haut abziehen.
Die Zwiebeln und der Sellerie werden in ganz feine Streifen geschnitten und in Butter kurz angebraten, dann mit Salz und Pfeffer gewürzt. Man zerkleinert die Kastanien und gibt sie in eine Schüssel, dazu gibt man auch Sellerie und Zwiebeln und nun zerstampft man alles zu einer Masse. (Dazu kann man einen Handmixer zu Hilfe nehmen.)

Das Püree rührt man anschließend in die warme Milch ein und rührt es bei mittlerer Hitze 3 Minuten mit dem Schneebesen.

Vor dem Servieren hebt man die Crème fraîche unter.

Ein Kuchen ohne Fett:

KUCHEN AUS DER PROVENCE - (Gâteau Provençal)

Zutaten:

125	g	Zucker
100	g	Korinthen
1	Eßl.	Konfitüre
250	g	Mehl
1/2	P.	Backpulver
1/4	l	Milch
		Schale einer frischen Mandarine, die durch die Moulinette passiert wird.

Zubereitung: Zucker mit Mehl und Backpulver vermischen. Die Milch und die Konfitüre zugeben und mit Hilfe eines Handmixers zu einem glatten Teig verarbeiten. Die Korinthen hebt man zum Schluß unter, ebenso die Mandarinenschale. Man füllt den Teig in eine gefettete flache Form und bäckt den Kuchen 30 Minuten bei 175 Grad.

EINE UNBEHANDELTE MANDARINENSCHALE ZU BEKOMMEN, DÜRFTE NICHT SO EINFACH SEIN. ALS ERSATZ KANN MAN ES AUCH MIT ZITRONENSCHALE PROBIEREN.

KÜRBISKUCHEN - (Le flozon de noel)

Zutaten:	1	kg	Kürbis
			für die Bechamelsoße:
	40	g	Butter
	40	g	Mehl
	1/2	l	Milch
	125	g	Zucker
	1		Ei
	1	TL	Orangenwasser
			für den Blätterteig:
	250	g	Mehl
	1/8	l	Wasser
	250	g	Butter
	1	Pr.	Salz

Zubereitung: Den Blätterteig nach Vorschrift zubereiten und kalt stellen.

Man schält den Kürbis, schabt das Weiche aus, schneidet ihn in kleine Stücke und setzt ihn mit Wasser auf. Wenn er weich ist, gießt man das Wasser ab und zerquirlt den Kürbis, bis man eine breiige Masse hat.

Für die Bechamelsoße zerläßt man die Butter und erhitzt das Mehl so lange darin, bis es hellgelb ist. Man gießt unter ständigem Rühren die Milch zu und läßt die Soße auf kleiner Flamme ca. 10 Minuten kochen.

Die Kürbismasse gibt man mit dem Zucker, dem zerquirlten Ei und dem Orangenwasser in die Bechamelsoße und rührt so lange, bis alles gut vermischt ist.

Man rollt den Blätterteig aus und legt eine gefettete flache Tarteform (oder Pizza-Backkeramikform) damit aus und verteilt die Kürbismasse darauf.
Den Backofen auf 250 Grad vorheizen, dann auf 225 Grad zurückschalten. Der "Flozon" wird so lange gebacken, bis er oben braun wird.

Er wird sofort serviert und warm gegessen.

IN FRANKREICH IßT MAN DIESE SPEZIALITÄT BESONDERS GERNE WENN ES DRAUßEN KALT IST, ODER ZU WEIHNACHTEN !

KÜRBISSUPPE - (Potage de courge)

Zutaten:

1000	g	Kürbisfleisch
1	l	Fleischbrühe
2	B.	Crème fraîche (á 150 g)
		Salz, Pfeffer
1	Pr.	Muskatpulver
1	Eßl.	Zitronensaft
1	Bund	Dill
4		Eidotter

Zubereitung: Man schneidet den vorbereiteten Kürbis in Würfel und kocht ihn in der Fleischbrühe weich. Anschließend nimmt man den Kürbis mit einem Schaumlöffel heraus, püriert ihn und gibt ihn dann wieder in die Brühe. Die Crème fraîche rührt man mit einem Schneebesen ein und erhitzt die Suppe wieder. Dann gibt man die Gewürze zu.

Vor dem Servieren gibt man in jeden Suppenteller ein Eigelb und füllt die Kürbissuppe darüber. Dann bestreut man jede Portion mit frisch gehacktem Dill !

LAMMKEULE - (Gigot d'agneau)

Zutaten:

1 Lammkeule (pro Person rechnet man ca. 250 g)
Öl
3 Zwiebeln
3 Knoblauchzehen
feingeschnittenes Gemüse der Saison
Salz, Pfeffer, Senf
klare Bratensoße
Weißwein

Zubereitung: Das Fleisch mit Senf und dem feingehackten Knoblauch gut einreiben, salzen und pfeffern. Dann läßt man die Gewürze eine Weile einziehen.
Den Backofen heizt man auf 250 Grad vor, bestreicht die Lammkeule reichlich mit Öl und legt sie auf den Rost. Unter den Rost schiebt man das Bratblech. Darauf stellt man eine feuerfeste Platte für das Gemüse, die gewürfelten Zwiebeln und den Weißwein.
Nach 15 Minuten schaltet man auf 220 Grad zurück und brät das Fleisch ca. 30-40 Minuten. Dabei wendet man das Bratenstück zwei- bis dreimal und übergießt es mit dem Bratensaft, wenn erforderlich mit Öl einpinseln. Dann nimmt man die Platte mit dem Bratensaft und dem Gemüse aus dem Ofen und läßt die Keule im ausgeschalteten Ofen noch weitere 20 Minuten durchziehen.
Unterdessen bereitet man die Sauce. Wenn nötig, gießt man etwas Fett ab und fügt etwas klare Bratensauce bei. Dann kocht man die Sauce etwas ein und würzt nach Belieben.

LAMMRAGOUT - (Ragoût d'agneau de la Drôme)

für 6 Personen

Zutaten:	1	kg	Lammfleisch (von der Keule, oder 500 g Kotlettstück u. 500 g Schulter)
	3	Eßl.	Öl
	2		Zwiebeln
	2		Knoblauchzehen
			Salz, Pfeffer, Petersilie, Thymian
	1		Lorbeerblatt

Zubereitung: Zunächst schneidet man das Fleisch in Würfel, salzt und pfeffert es, und brät es im heißen Öl in einer Pfanne an. Wenn das Fleisch braun ist, gibt man die gehackte Zwiebel und den gehackten Knoblauch zu. Dann bestäubt man das Fleisch mit etwas Mehl und rührt dabei häufig um. Man gießt soviel warmes Wasser zu, daß die Fleischstücke leicht bedeckt sind, außerdem fügt man die Gewürze zu und läßt das Ragout im geschlossenen Topf 45 Minuten schmoren. Wenn erforderlich, kann man etwas Flüssigkeit nachgießen.

MARINIERTER RINDERBRATEN - (Daube de boeuf)

Zutaten:

800	g	mageres Rindfleisch (von der Schulter)
1	Eßl.	Öl
350	g	Karotten
2-3		Zwiebeln
1	Fl.	herber Rotwein
		Salz, Pfeffer, Petersilie, Thymian
1		Lorbeerblatt
200	g	schwarze Oliven

Zubereitung: Man schneidet das Fleisch in gleichmäßige Würfel. Das Öl wird in einem Bratentopf erhitzt und die Fleischwürfel werden darin braun angebraten.
Die Karotten schneidet man in Stücke, die Zwiebeln in Würfel und gibt beides mit den Gewürzen zu dem Fleisch und läßt es leicht schmoren. Anschließend fügt man die Oliven zu und gießt das Gericht mit dem Rotwein auf. 1 1/2 bis 2 Stunden kann es nun auf kleiner Flamme schmoren.

Sollte zuviel Flüssigkeit verdampfen, so gibt man etwas Wasser zu.

DIESES GERICHT EIGNET SICH AUCH VORZÜGLICH FÜR EINE ZUBEREITUNG IM SCHNELLKOCHTOPF.

MÖNCHE - (Moines)

für 4-6 Personen

Zutaten:

1	kg	Spinat
3	Eßl.	Öl
3	Eßl.	Mehl
1		Ei
		Salz
		Fleischbrühe

Zubereitung: Der Spinat wird geputzt und in Salzwasser gekocht. Dann läßt man ihn gut abtropfen und drückt ihn aus. Der Spinat wird anschließend sehr fein gehackt. Man erhitzt das Öl in einem flachen Topf und gibt unter Rühren etwas Mehl dazu. Die Spinatmasse dünstet man darin kurz an und läßt sie dann abkühlen.
Dann gibt man das Ei, Mehl und Salz dazu und vermischt alles zu einem Spinatteig. Man bestäubt ein Brett mit etwas Mehl, formt die Spinatmasse zu einer Rolle und schneidet sie in 4-5 cm breite Scheiben. Diese gibt man in die kochende Fleischbrühe, drosselt die Hitze und läßt die "Mönche" ca. 10 Minuten in der Brühe ziehen. Dann hebt man sie mit einem Schaumlöffel aus der Brühe, legt sie auf eine Platte und bestreut sie mit geriebenem Käse.

DIESES GERICHT KANN ALS VORSPEISE SERVIERT WERDEN, ODER ALS BEILAGE ZU FLEISCHGERICHTEN.

NUSSFELSEN - (Rochers aux noix)

Zutaten:

500 g Mehl
100 g Zucker
100 g Nüsse (gehackte Haselnüsse od. Mandeln)
1 TL Natron
1 Ei
1 Tasse Milch
100 g Butter

Zubereitung: Man gibt Mehl, Zucker, Natron und die Nüsse in eine Schüssel und mischt die Zutaten gut durch.

Das Ei verschlägt man mit der Milch und fügt dann die geschmolzene, ausgekühlte Butter zu. Diese Mischung gießt man in die Schüssel zu den übrigen Zutaten und knetet den Teig gut durch.

Mit der Hand formt man kleine Kugeln, die etwas flachgedrückt werden. Man setzt sie auf ein gefettetes Backblech und bäckt sie im vorgeheizten Ofen bei 200 Grad 20 Minuten.

NUSSLIKÖR - (Liqueur aux noix)

Zutaten:

8	grüne	Walnüsse
2		Sternanis
1		Zimtstange
1/2	TL	Nelken
1	Fl.	Korn

für den Sirup:

250	g	Zucker
3/8	l	Wasser

Zubereitung: Die Walnüsse waschen, trockenreiben und in Scheiben schneiden. Die Nußscheiben, Sternanis, Zimtstange und Nelken in eine gewaschene, ausgetrocknete Flasche mit einem weiten Hals füllen. Den Korn zugießen und die Flasche mit Sichtfolie verschließen. Den Liköransatz 6-8 Wochen an einem sonnigen Platz (Fensterbank) durchziehen lassen. Die Flüssigkeit färbt sich in dieser Zeit sehr dunkel. Danach gießt man den Liköransatz durch ein Sieb.

Den Zucker kocht man mit dem Wasser zu Sirup und mischt ihn lauwarm unter den Likör. Man füllt den Nußlikör in eine Karaffe und gießt ihn zur gleichen Menge mit Cream Sherry oder Madeirawein auf.

OMELETT MIT FRISCHEN KRÄUTERN - (Omelette aux fines herbes)

Zutaten:

6		Eier
1	Eßl.	Crème fraîche
1	Eßl.	Wasser
		Schnittlauch
		Petersilie
		Estragon
		Salz, Pfeffer
		etwas Öl oder Butter

Zubereitung: Die Kräuter werden gehackt. Eier, Wasser, Crème fraîche, Gewürze und Kräuter werden in einer Schüssel mit einem Schneebesen oder einer Gabel verrührt.

In einer Pfanne erhitzt man das Öl, gießt die Eiermasse hinein und läßt sie stocken.

OMELETT MIT NÜSSEN - (Omelette aux noix)

Zutaten:	8	Eier
	100 g	Walnußkerne
	25 g	Butter
		Salz, Pfeffer

Zubereitung: Die Eier werden mit Salz und Pfeffer verquirlt. Die Nüsse hackt man und brät sie in Butter leicht an. Darüber gießt man die Eiermasse und läßt sie stocken.
Nach 2-3 Minuten wendet man das Omelett und serviert es mit Petersilie und Nüssen garniert.

PFIRSICHWEIN - (Vin de pêche)

Zutaten:	50	g	Pfirsichblätter
	1	Gl.	klarer Schnaps
	1/4		Vanilleschote
	120	g	Zucker
	1	l	Rotwein od. Roséwein

Zubereitung: Die Pfirsichblätter werden gewaschen und in Stücke geschnitten. Man legt sie in ein Einmachglas und übergießt sie mit dem klaren Schnaps. Man verschließt das Glas und läßt es 6 bis 7 Tage stehen.

Dann fügt man den Wein hinzu und läßt diese Mischung nochmals 8 Tage ziehen.

Nach dieser Zeit kann man die Blätter herausnehmen, sollte diese jedoch gut ausdrücken. Nun gibt man den Zucker und die Vanilleschote bei, rührt die Flüssigkeit von Zeit zu Zeit um, bis der Zucker sich vollständig aufgelöst hat.

Nun ist der Wein fertig, es ist jedoch zu empfehlen, ihn noch 1 bis 2 Monate ruhen zu lassen.

BESONDERS ALS APERITIF ZU EMPFEHLEN !

PROVENZIALISCHES FISCHGERICHT - (Lotte à la Provençale)

Zutaten:	800	g	Lotte (Seeteufel)
	1/2		Staudensellerie
	1	Bund	Petersilie
	1	Bund	Kerbel
	50	g	Öl
			etwas Mehl
	1	Gl.	Weißwein
			etwas frischen Thymian und Majoran
			Zitronensaft

Zubereitung: Den geputzten Fisch beträufelt man mit Zitronensaft. Petersilie, Sellerie und Kerbel fein hacken, in dem Öl andünsten und etwas Mehl zufügen. Das Ganze etwas abkühlen lassen und mit dem Weißwein ablöschen.
In diese Sauce legt man den Fisch und läßt ihn bei schwacher Hitze 30 Minuten kochen. Dann nimmt man den Fisch heraus, fügt den gehackten Thymian und Majoran zu, rührt die Sauce gut um und gießt sie über den Fisch.

DAZU SCHMECKT STANGENWEIßBROT UND EIN GUTER WEIßWEIN !

RINDERSCHMORBRATEN IN ROTWEINSAUCE - (Boeuf à la mode)

Zutaten:	1,5	kg	gerollter Rinderbraten
			Salz, frisch gem. schw. Pfeffer
	1	Fl.	herber Rotwein
	4		Zwiebeln
	2		Möhren
	2		Knoblauchzehen
	2		Lorbeerblätter
	1	Bund	Petersilie
	2	TL	Thymian
	50	g	durchwachsener Speck
	2	Eßl.	Öl
	2	Gl.	Weinbrand
	1		Kalbsknochen
	1	Eßl.	Tomatenmark
	1	kl.	Stange Porree
	2		Fleischbrühwürfel
			Gemüse:
	500	g	kleine Zwiebeln
	500	g	Möhren
	1	Eßl.	Öl
	30	g	Butter
			Salz, Pfeffer

Zubereitung: Den Braten mit Salz und Pfeffer einreiben. Zwiebel und Möhrenscheiben, zerdrückten Knoblauch, Lorbeerblätter, gehackte Petersilie und Thymian mischen und in eine Schüssel geben. Der Wein wird hinzugegossen und der Braten in dieser Mischung mariniert. Dazu stellt man die Schüssel über Nacht in den Kühlschrank.

Die Speckwürfel werden in Öl ausgebraten, das Fleisch darin angebraten. Weinbrand, Knochen, Tomatenmark, geputzter Porree, die durchgesiebte Marinade und die Brühwürfel werden zugegeben. Im Backofen bei 220 Grad zwei Stunden schmoren.
Ganze Zwiebeln und Möhrenstreifen in Öl und Butter bei schwacher Hitze 30 Minuten schmoren, mit Salz und Pfeffer würzen. Den Braten richtet man mit dem Gemüse an, den Bratensud gießt man durch ein Sieb und serviert ihn dazu.

SABAYON-APFELTORTE - (Tarte aux pommes)

Zutaten:

Teig:

125	g	Mehl
1 1/2		gestr. TL Backpulver
1	P.	Vanillezucker
125	g	gut ausgepreßter Quark
100	g	Margarine

Belag:

4		Äpfel
1		Ei
1	kl.	Tasse Zucker
1	kl.	Tasse Weißwein

Zubereitung: Mehl und Backpulver werden gemischt und auf ein Backbrett gesiebt. In die Mitte wird eine Vertiefung gedrückt, der Vanillezucker, der durch ein Sieb gestrichene Quark und das in Stücke geschnittene kalte Fett werden hineingegeben. Man bedeckt das Fett mit Mehl und verknetet von der Mitte aus alle Zutaten schnell zu einem glatten Teig. Er wird ca. 1/2 cm dick ausgerollt, mehrfach übereinandergeschlagen und wieder ausgerollt. Das Übereinanderschlagen und das Ausrollen wird noch ein- bis zweimal wiederholt, dann stellt man den Teig eine Zeitlang kalt (am besten über Nacht).

Die Äpfel werden geschält, vom Kerngehäuse befreit und in Scheiben geschnitten. Eine Tarte- oder Springform wird gefettet und der Teig wird in dieser Größe ausgerollt, in die Form gelegt und am Rand etwas hochgezogen.

Dann belegt man ihn mit den Apfelscheiben und bäckt ihn ca. 15 Minuten vor. In der Zwischenzeit verquirlt man das Ei mit dem Zucker und dem Weißwein und gießt diese Mischung über die Apfeltorte. Diese wird dann noch 30-40 Minuten bei 180-200 Grad gebacken.

SANDGEBÄCK - (Madeleines)

Zutaten:

200	g	Honig
2		Eier
3	cl	Öl
200	g	Mehl
1		Vanillezucker
1/2	P.	Backpulver

Zubereitung: Die Eier werden getrennt. In den Honig verrührt man nacheinander zwei Eigelb, Öl, Mehl, Vanillezucker und Backpulver. Wenn der Teig schön glatt ist, zieht man das zu Schnee geschlagene Eiweiß unter und füllt den Teig in gefettete Madeleine-Förmchen. Statt dessen kann man auch Papier-Backförmchen nehmen.
Dann bäckt man die Förmchen 15 Minuten bei 175 Grad.

Nach Belieben kann man die "Madeleines" mit Schokoladen-, Rum- oder Zitronenglasur verzieren.

Ein Dessert für 6 Personen:

SCHWIMMENDE INSELN oder SCHNEE-EIER

(Les Flottantes - oeufs à la neige)

Zutaten:
6 Eier
1/2 l Milch
20 Zuckerstücke

Zubereitung: Die Milch erhitzt man in einem großen, flachen Topf. (Der Topf muß groß genug sein, um die Eiweiß-Stücke darin umzuwenden.)

Die Zuckerstücke gibt man nach und nach in die Milch, ebenfalls 2 oder 3 Orangenblätter (falls nicht vorhanden, kann es auch ein Stück unbehandelte Orangenschale sein). Wenn die Milch anfängt zu kochen, nimmt man die Orangenschale wieder heraus. Inzwischen trennt man die Eier und schlägt das Eiweiß zu schnittfestem Schnee.

Mit dem Schaumlöffel hebt man ziemlich große Stücke von dem Eischnee ab und taucht sie kurz in die kochende Milch. Dabei muß man darauf achten, sie so schnell wie möglich umzudrehen. Danach legt man sie auf eine Platte.
Anschließend verquirlt man das Eigelb und gießt nach und nach 3 Tassen von der heißen Milch dazu, wobei man die Masse mit dem Schneebesen gut durchschlägt. Dann gibt man diese Masse in die verbliebene kochende Milch und schlägt die Creme ca. 1 Minute gut durch. Dann nimmt man sie vom

Feuer und rührt noch ca. 3 Minuten, damit die Creme nicht gerinnt. Man gibt die Eiweißstücke in Portionsschalen, gießt die Creme darüber und stellt das Dessert kühl. Garnieren kann man mit geraspelter Schokolade oder gerösteten Mandelsplittern.

SUPPE DER SEVENNEN - (Potage des Cevennes)

Zutaten:	1 kl. Dose	Maronenpüree (ohne Zucker)
	1 l	Milch
	1	Eigelb
		geröstete Weißbrotwürfel
		Salz und Pfeffer

Zubereitung: Das Kastanienpüree rührt man mit dem Schneebesen in die erwärmte Milch ein, läßt es aufkochen und würzt mit Salz und Pfeffer.

In einer Suppenschüssel verrührt man das Eigelb und gießt die heiße Suppe darauf. Anschließend gibt man etwas Butter und die Weißbrotwürfel in die Suppe.

Statt einem Kastanienpüree aus der Dose kann man auch selbst hergestelltes verwenden. Dazu braucht man 500 g Eßkastanien, entfernt die erste Haut und kocht sie ca. 30 Minuten in Salzwasser.
Dann entfernt man die zweite Haut und streicht die Kastanien durch ein Sieb.

VIER-VIERTEL-KUCHEN - (Le quatre-quarts)

Zutaten: Das gleiche Gewicht abwiegen:
Eier
Butter
Mehl
Zucker

Zubereitung: Die Butter schmelzen und abkühlen lassen. Dann den Zucker, das Mehl und die Eigelb nacheinander hinzufügen und einen lockeren Rührteig herstellen.
Das Eiweiß zu Schnee schlagen und langsam unter den Teig heben. Man fettet eine Kastenform gut aus und füllt den Teig hinein und bäckt den Kuchen im vorgeheizten Ofen bei 180 Grad ca. 50 Minuten.

Eine weitere Variante:

FÜNF-VIERTEL-KUCHEN - (Le cinq-quarts)

Zubereitung: Zu den Zutaten des Vier-Viertel-Kuchens den gleichen Anteil Schokolade hinzufügen. Die Schokolade raspeln oder im Wasserbad schmelzen und dem Rührteig beifügen.
Ansonsten wird der Kuchen wie oben geschrieben gebacken.

WEIHNACHTSESSEN AUS DER DAUPHINE (aus früheren Zeiten)

Man bereitet eine Suppe, in der man entweder ein Huhn oder Rindfleisch kocht. Mit dem Fleisch (oder Huhn) kocht man eine Stange Porree, etwas Suppengrün und würzt mit Salz und Pfeffer.

Man läßt die Suppe kalt werden und schöpft das Fett ab.

Nudelteig:
- 1 kg Mehl
- 5 Eier
- 1 Tasse Salzwasser

Zubereitung: Man gibt das Mehl in eine große Schüssel, drückt in die Mitte eine Vertiefung und gibt die Eier hinein. Das Salzwasser gibt man nach und nach dazu und verknetet alles zu einem festen Teig.

Der Teig wird 2-3 cm dick ausgerollt und in kleine Quadrate geschnitten. Diese gibt man in die heiße Bouillon und läßt sie 10 bis 15 Minuten kochen.

Die Suppe wurde als Vorspeise gereicht. Man gießt sie in den Teller und streut geraspelten Hartkäse "Gruyère" (od. Emmentaler) darüber.

Das Fleisch (od. Huhn) wurde als Hauptgang gereicht und zusammen mit kleinen Essiggurken serviert.

ZUCCHINI-AUFLAUF - (Gratin de courgettes)

Zutaten:

7-8	Zucchini
1 B.	Crème fraîche
	etwas Öl
1	Zehe Knoblauch
	Salz
	Pfeffer
	ger. Muskatnuß

Zubereitung: Die Zucchini schneidet man in Scheiben und gibt sie 5 Minuten in kochendes Wasser (blanchieren).
Man läßt das Wasser ablaufen und schichtet das Gemüse in eine Auflaufform, die vorher mit etwas Öl gefettet wurde.

Die Crème fraîche verrührt man mit der zerdrückten Knoblauchzehe, Salz, Pfeffer und Muskatnuß und verteilt die Masse über dem Gemüse.

Im vorgeheizten Backofen auf 180 Grad etwa 30 Minuten überbacken.

Ein altes Hausmittel gegen Rheumatismus:

ZWIEBELWEIN - (Vin d'oignons)

Zutaten:	500	g	Zwiebeln
	1	l	süßer Wein
	100	g	Honig

Zubereitung: Die Zwiebeln werden gehackt und mit dem Honig vermischt. Dann gibt man sie in ein hohes Glas und gießt den Wein dazu. Man rührt diese Mischung gut um, verschließt das Glas und läßt es 3 Tage stehen.

Dann gießt man den Wein durch ein Sieb, füllt ihn in eine Flasche und sollte gegen den Rheumatismus jeden Tag ein kleines Glas davon trinken !

COL DE MENEE - DER MITTERNACHTS-PASS

Der Fluchtweg, den viele Hugenotten aus dem Tal der Drôme nahmen, führte über den Col de Menee, den Mitternachtspaß.

Früher, vor der Verfolgungszeit wird dieser Paß vermutlich einen anderen Namen getragen haben, jedoch heute nach 300 Jahren der Flucht und Vertreibung, erzählt man sich noch immer die Geschichte der tapferen Menschen, die aus dem Tal der Drôme den beschwerlichen Weg durch Wald und Gestein um Mitternacht machten. Auf der anderen Seite des Passes stiegen sie hinab ins Ungewisse, um den Weg nach Genf zu finden.

Heute ist an dieser historischen Stelle ein großes Holzkreuz errichtet. Es trägt die Inschrift:

"Aime Dieu et va ton chemin" zu deutsch:

"Liebe Gott und geh deinen Weg"

Alljährlich am Pfingstmontag findet dort ein Gedenkgottesdienst im Freien statt, zu dem sich Gläubige aus vielen Teilen Europas einfinden.

Aber auch für alle, die sich nicht mit der historischen Vergangenheit beschäftigen, sondern nur die herrliche, unverfälschte Natur genießen wollen, ist eine Wanderung zum Col de Menee ein lohnendes Ziel.

Von dem Dörfchen Châtillon führt heute eine gut ausgebaute Serpentinenstraße auf den Paß und dort weiter nach Clelles. Auf Paßhöhe (1457 m) befindet sich die Grenze vom Departement Drôme und Isère.

Ein unvergessener Tag:
unsere Reisegruppe am Col de Menee

ALTES BRAUCHTUM

Natürlich interessierten mich sehr die alten Bräuche in Menglon und im Diois, um sie mit den unsrigen Dorfbräuchen zu vergleichen. Vielleicht konnte man Gemeinsamkeiten entdecken, die bei uns von den Hugenotten weiter gepflegt wurden.

DAS EIERSAMMELN

erzählte man mir, ist in Menglon auch ein Brauch von alters her. Der Unterschied zu Greifenthal besteht nur darin, daß in dem kleinen Dorf Menglon die jungen Leute die Eier am Abend des 30. April sammeln und dann in der Nacht zum 1. Mai, in froher Runde verzehren.

HOCHZEITSBRÄUCHE AUS DEM TAL DER DROME

Mit 15 Jahren fing jedes junge Mädchen an, das Monogramm in die Wäsche zu sticken. Nachthemden, Handtücher, Bett- und Tischwäsche wurden damit verziert.

Einen Monat vor der Hochzeit wurden die unverheirateten Freundinnen der Braut eingeladen. An diesem Nachmittag gab es ein reichhaltiges Essen, bestehend aus Kuchen, Wurst, Käse und Schinken. Nach dem Essen wurde gesungen und oft bis spät in die Nacht gefeiert. Dabei war der Bräutigam der einzige Mann in der Runde.

Auch der Bräutigam feierte mit seinen Freunden den Abschied vom Junggesellenleben. Natürlich war dies dann auch eine reine Männerrunde. Es wurde ein Gang durch die Weinkeller des Dorfes - angefangen wurde beim Bräutigam, und das Ende war meistens nicht abzusehen !!!

Dabei durfte auch ein kräftiges Essen nicht fehlen, den jungen Männern wurde aufgetischt, was Küche und Keller boten.

Am Vortag der Hochzeit wurde die Haustür der Braut mit einer Blumengirlande geschmückt. Durch diese Tür mußte die Braut ihr Elternhaus verlassen. Zuerst ging man zum Gemeindeamt zur standesamtlichen Trauung, dann zur Kirche.

Beim anschließenden Hochzeitsmahl gab es auch noch eine besondere Sitte: Heiratete ein jüngerer Bruder vor dem Älteren, mußte der Ältere das Hochzeitsmahl mit einem Salat aus Zwiebeln beginnen.

R e z e p t e

AUS FRANKREICH'S KÜCHEN

ISBN 3—9801481—0—6

erschienen im:

C & S Buchverlag
Christa Gombel
Hugenottenweg 3
Greifenthal
35630 Ehringshausen